한국생활사박물관
05

신 라 생 활 관
LIVING IN THE MILLENNIUM KINGDOM

사계절

한국생활사박물관 편찬위원회

편집인	강응천
연구 · 편집	김영미
기획	(주)사계절출판사
집필	나희라 (신라실)
	강응천 (야외전시)
	이은홍 (가상체험실)
	하일식 (특강실)
아트디렉터	김영철
편집디자인	백창훈 · 이정민
일러스트레이션 디렉터	곽영권
일러스트레이션	김동성 · 김병하 · 류동필
	서희정 · 이선희 · 이은홍 · 이혜원
사진	손승현
전시관 디자인	장문정
제작	박찬수
교정	이경옥 · 김장성
내용 감수	하일식 (연세대 교수 · 한국고대사)
기획 감수	최준식 (이화여대 교수 · 종교학)
	오주석 (1956~2005, 전 연세대 겸임교수 · 미술사)
	김봉렬 (한국예술종합학교 교수 · 건축학)
	주영하 (한국학중앙연구원 교수 · 민속학)
	김소현 (배화여대 교수 · 복식사)

일 러 두 기

1. 역사적 사실이나 개연성에 대한 고증과 평가는 학계의
   통설을 기준으로 삼았다.
2. 지명과 인명의 표기는 가급적 중·고등학교 교과서를 따랐다.
3. 외래어 표기는 현지 표기를 존중하는 문화관광부 제정
   '외래어 표기법'과 중·고등학교 교과서를 따랐다.
4. 한자의 사용은 되도록 피하되 꼭 필요한 경우에는 ( ) 안에 넣었다.
5. 생활사의 성격상 곳에 따라 역사적 개연성을 벗어나지 않는
   범위 안에서 가상 인물이나 가상 이야기를 첨가했다.

『한국생활사박물관』 5권 「신라생활관」을 펴내며

한국생활사박물관 편찬위원회가 천년에 걸친 신라인의 세상살이를 살피고자 경주에 갔을 때, 우리는 즐비한 무덤 속에서 죽은 신라인이 투덜거리는 소리를 들었다.

"이건 너무해! 사람들은 고구려 · 백제와 우리를 차별 대우한단 말이야. 고구려에 대해서는 그 넓은 영토와 호방한 문화를 마냥 부러워하고, 백제에 대해서는 찬란한 문화 유산을 잃고 잊혀져 간 걸 마냥 안타까워하지. 하지만 우리 신라에 이르면 왜 그렇게 복잡해지는 거야? 한쪽에서는 '삼국 통일'로 민족 문화의 주춧돌을 마련했다고 칭찬하면서도, 한쪽에서는 '반쪽 통일'로 민족의 생활권을 축소시켰다고 막말을 퍼붓잖아!"

우리가 고구려와 백제에 대해 아쉽다거나 딱하다고 생각하는 것은 이들이 갖고 있는 가능성을 채 다 발휘하기도 전에 그 생명을 마감했기 때문이다. 그래서 우리는 종종 이런 가정을 하곤 한다. 삼국을 통일한 나라가 신라가 아니라 고구려였다면, 또는 백제였다면……. 그런 반면, 신라는 가능성이 아니라 현실이다. 우리는 신라가 천년 동안 이룩했거나 실패했던 결과를 물려받아 그 바탕 위에서 살아가고 있다. 따라서 고구려와 백제보다는 더 엄격하고 타산적인 잣대를 가지고 신라 역사를 바라보게 되는 것은 어쩔 수 없다.

신라인이여! 「신라생활관」이 들이대는 탐구의 잣대 역시 보통 까다롭지 않을 것이라는 점을 이해하고 또 각오하시라. 그건 당신들이 현실의 승자였고, 또 오늘 우리에게 드리운 그림자가 너무도 깊고 크기 때문이다. 그러나 우리의 확대경에 비친 당신들의 삶의 모습을 우리는 독자들과 함께 사랑할 것이라는 점 또한 이해하시라.

「신라생활관」의 도입부인 '야외전시'에서는 신라의 특징을 토우의 나라, 황금의 나라, 불교의 나라, 바다의 나라, 무덤의 나라로 포착하여 계림, 대왕바위, 대릉원 등 시원한 사진들과 함께 살펴본다. 주(主)전시실인 '신라실'에서는 토속적인 전통을 잃지 않으면서도 불교와 유학, 그리고 서역 문화까지 녹여내 국제적인 감각을 갖추었던 신라인의 농익은 생활상이 흥겹게 펼쳐진다. '특별전시실'에서는 신라 문화 역량의 결집체이며 신라인이 염원하던 이상 세계의 표현인 불국사와 석굴암을 첨단 3차원 그래픽과 귀한 옛 사진으로 펼쳐 보인다.

뒤이어 '가상체험실'에서는 당나라 · 신라 · 일본을 잇는 삼각 해상로를 장악하고, 해상 실크로드를 완성한 장보고의 해상 기지 청해진에서 21세기 해양 입국의 청사진을 미리 본다. '특강실'에서는 정치적으로 폐쇄적이었던 신라가 어떻게 그토록 다양한 문화를 이룩할 수 있었는가, 개발과 보존의 딜레마에서 천년의 고도 경주를 구하는 방법은 무엇인가라는 매우 논쟁적인 문제를 전문가의 눈으로 짚어 본다. '국제실'에서는 인도의 원시 불교에서 티베트 불교에 이르기까지 고대 아시아 세계의 불교 문화를 총정리하고 신라 불교의 높은 위상을 재확인한다.

박물관은 옛날의 것, 이미 죽은 것을 전시하는 곳이다. 하지만 박물관이 전시하는 '옛날'은 살아 있어야 한다. 우리는 박물관의 차가운 유리 뒤에서 박제된 주검의 모습을 하고 있는 유물들을 바라보며 생각했다. 천년의 미소를 담고 있는 저 아름다운 기와가, 저 반짝거리는 유리 그릇이 그것을 사용하던 사람들 손에 쥐어져 박물관을 누비고 다니는 모습을 볼 수 있다면, 옛 사람들의 총체적인 생활상을 한 편의 영화처럼 생생하게 들여다볼 수 있다면…….

바로 그런 문제 의식에서 기획된 '책 속의 박물관' 『한국생활사박물관』이 이제 다섯째 권을 내게 되었다. 이 한 권의 책에 실린 700매의 원고와 40여 점의 컬러 그림, 150여 컷의 컬러 사진이 신라와 신라인에게 올바른 평가를 안겨 주기를 바란다. 우리가 선사 시대부터 현대에 이르는 우리 민족의 생활사를 오롯이 복원해 낼 때까지 독자 여러분의 따뜻한 격려와 호된 질책을 함께 기다린다.

2001년 8월 한국생활사박물관 편찬위원회

신 라 생 활 관 안 내

8
야 외 전 시
OPENING EXHIBITION

「신라생활관」의 도입부. 초기 신라인의 질박한 삶과 문화를 한눈에 보여 주는 토우, 신라라는 이름을 세계에 떨친 화려한 황금 문화, 온 나라를 불국토로 가꾸고 한국 불교의 원형을 창조한 불교 문화, 세계로 뻗어 나가던 해양 문화 등을 시원한 파노라마 사진과 함께 감상하면서 신라 천년을 되새긴다.

22
신 라 실
LIFE IN SILLA

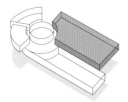

고구려·백제와 중국·일본을 넘어 서역의 문물까지 한데 녹여 눈부신 국제 도시 서라벌을 창조한 신라인, 그러면서도 토우로 상징되는 소박한 전통 문화를 끝까지 간직했던 뚝심의 신라인, 나아가 이 세상을 장엄한 불국토로 단장하고 불교의 인연 속에 살다 간 신라인의 삶과 죽음을 만난다.

72
특 별 전 시 실
SPECIAL EXHIBITION

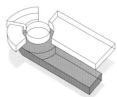

'신라실'이 신라인의 세속 세계를 보여 준다면, 여기서는 그들이 생각한 성스러운 이상 세계로 들어간다. 신라 문화 역량의 결정체이자 그들이 내면 깊은 곳에 간직했던 염원의 표현, 불국사와 석굴암을 첨단 3차원 그래픽과 귀한 옛 사진으로 감상한다.

90
가 상 체 험 실
SIMULATION ROOM

신라는 우리 민족 역사상 3면이 바다로 둘러싸인 최초의 나라였다. 그 바다의 나라에 바다의 왕자 장보고가 있었다. 당나라·신라·일본을 잇는 삼각 해상로를 장악하고, 해상 실크로드를 완성한 장보고의 해상 기지 청해진에서 21세기 해양 입국의 청사진을 미리 본다.

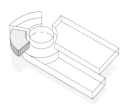

96
특 강 실
LECTURE ROOM

지금까지 살펴본 구체적인 생활상을 바탕으로 좀더 거시적인 주제를 깊이 있게 해설해 준다. 정치적으로 폐쇄적이었던 신라가 그토록 다양한 문화를 일궈 낸 이유는 무엇인가? 또 개발과 보존 사이에서 갈등하며 곤혹스러운 세월을 보내온 경주의 지난 1세기를 돌아본다.

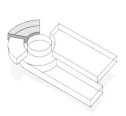

104
국 제 실
INTERNATIONAL
EXHIBITION

고대 아시아에서 불교는 단순한 종교가 아니라 보편적이고 수준 높은 문화 체계였다. 어떤 나라가 불교를 받아들였다는 것은 그 나라가 국제적으로 요구되는 문화 수준에 도달했다는 징표였다. 인도의 원시 불교에서 티베트 불교에 이르기까지 고대 세계의 불교 문화를 총정리하고 신라 불교의 높은 위상을 재확인한다.

46 ■ '신라 속의 서역' 전

신 라 생 활 관

여는전시 OPENING EXHIBITION

이곳은 「신라생활관」의 도입부입니다. 신라에 대한 평가는 극과 극이 교차합니다. 한편에서는 세계에서도 유례없는 천년 왕국을 이루고 전통과 신문명을 조화시켜 우리 민족 문화의 바탕을 마련했다고 칭송합니다. 그러나 다른 한편에서는 불완전한 통일로 한민족의 생활권을 축소시키고 대륙을 잃어버렸다고 혹평합니다.

과연 신라는 오늘 우리에게 무엇일까요? 초기 신라의 질박한 삶과 문화를 한눈에 보여 주는 토우, 신라라는 이름을 세계에 떨친 화려한 황금 문화, 온 나라를 불국토로 가꾸고 한국 불교의 원형을 창조한 불교 문화, 세계로 뻗어 나가던 신라의 해양 문화 등을 시원한 파노라마 사진과 함께 감상하면서 그 답을 찾아보세요.

천년왕국 신라

The Millennium Kingdom

토우의 나라

여인이 단정한 자세로 앉아서 가야금을 뜯고 있다. 둥기둥당 둥기둥당 둥기둥당에 둥당당······.

여인 주변에서는 온갖 짐승들이 흥겨운 가락에 맞추어 논다. 새들도, 거북도, 흥에 겨워 물 밖으로 뛰어나온 개구리와 그 개구리 뒷다리를 물려고 고개를 빳빳이 세운 뱀도······. 그런가 하면 한쪽에서는 두 남녀가 리듬에 맞추기라도 하듯 흐드러진 몸짓으로 사랑을 나누고 있다.

때는 5세기. 신라는 질주하고 있었다. 좁은 골짜기에 자리잡고 있던 시골 나라가 번쩍이는 왕궁을 짓고 조직적인 관료 체제와 강력한 군대를 갖추어 나갔다. 우물 안 개구리 같던 나라가 소백산맥을 넘어 고구려와 통하고 서해를 건너 중국까지 사절을 보냈다. 이러한 질주는 모든 것이 동화처럼 순박하고 시냇물처럼 느리기만 했던 지난 몇백 년 간의 신라로서는 상상도 할 수 없는 것이었다.

토우 장식 항아리 : 5세기경 작품으로 경상북도 경주시 계림로
30호분에서 출토되었다. 국보 195호. 높이 34.0cm, 입지름 11.8cm,
밑지름 9.5cm. '장경호(목 긴 항아리)'의 목과 몸통에 거북, 새, 개구리,
성교하는 남녀, 뱀 등 18점의 토우를 일정한 질서 아래 만들어 붙였다.
뱀이 개구리를 물고 있는 모습은 신라 토우에서 많이 보이는 소재로서
생명력을 상징하는 주술적인 의미를 갖고 있다.

신라는 고즈넉한 골짜기에 자리한 여섯 마을에서 출발했다. 여기서 박(朴)·석(昔)·김(金) 세 성씨의 시조들이 알이나 궤짝 속에서 나와 차례로 왕위에 오르는
전설 같은 시대가 오랫동안 이어졌다. 5세기는 그 굼뜬 신라 사회가 생존 경쟁과 전쟁으로 가득한 새 시대로 뛰어드는 전환기였다. 이런 시대에는 사람들의 삶
도 당연히 가파른 변화를 겪었을 것이다. 그대로 시간이 흘렀다면 신라인의 삶의 원형은 전설 속에 어렴풋한 자취만 남겨둔 채 미궁으로 빠졌을 것이다.
그러나 바로 그때 시간의 질주를 멈추고 당시의 삶을 영화 속 정지 화면 같은 틀 속에 담아낸 것이 있었다. 흙으로 빚은 작은 인형, 토우가 바로 그것이다. 토
우에 나타난 신라인의 생활상은 격동하는 역사 따위는 아랑곳없다는 듯 천연덕스럽기 짝이 없다. 그러면서도 역사 기록보다 더 생생한 역사의 진실을 전해 준
다. 단순 솔직하고 익살스러운 토우가 없었다면 천년 왕국 신라는 얼마나 핏기 없고 재미없는 모습으로 우리에게 다가왔을까? ※ 60·61쪽 '신라실'을 참조하세요.

황금의 나라

5~6세기 신라의 질주는 눈부셨다. 한자 등 중국 문물을 받아들이고, 부자 세습을 확립하고, 우편역과 시장을 설치하고, 왕이라
는 호칭과 신라라는 나라 이름을 확정하여 단숨에 중앙집권적인 고대 국가로 도약했다. 이 질주의 주인공은 내물·실성·눌지·자
비·소지·지증 등 '마립간'이라는 호칭으로 불린 여섯 왕이었다. 그들은 모두 김(金)씨로 계림에서 태어난 김알지의 후손이었다.
신화에 따르면, 4대 탈해왕 때 하늘에서 밝은 빛이 내려오더니 숲을 비추었다. 사람들이 가보니 황금빛 나는 궤짝이 나뭇가지에
걸려 있고 그 아래에서 흰 닭이 울고 있었다. 왕이 궤짝을 열자 그 안에서 아이가 나왔다. 닭이 울었다고 하여 숲 이름을 계림(鷄
林), 금 궤짝에서 나왔다고 하여 아이 성을 김(金)이라고 했다.

계림 : 경상북도 경주시 교동 첨성대와 월성 사이에 있는 숲. 면적 7300㎡, 사적 19호.
본래 '시림(始林)' 이었으나 경주 김씨의 시조 김알지(金閼智)가 이곳에서 태어날 때 닭이 울었다고
하여 계림(鷄林)으로 불렸다. '계림' 은 후에 나라 이름으로도 쓰였다.
물푸레나무·왜나무·휘추리나무·단풍나무 등 100여 그루의 고목과 1803년에 세운 비가 있다.

신화와 김(金)씨라는 성이 말해 주듯 여섯 마립간은 황금을 무척 사랑했다. 그들이 살던 시대 왕실의 무덤이던 금관총·황남대총 등에서는 금관과 순금 허리띠,
장신구 등이 집중적으로 발견되었다. 이 무덤들이 북아시아 유목민의 무덤과 비슷하다고 해서, 그리고 신라 금관이 북아시아에서 신성하게 여기는 나무와 사
슴뿔 모양이라고 해서 신라 왕실과 스키타이족의 관계에 주목하는 사람들도 있다. 그러나 북아시아와 무슨 혈연 관계가 없더라도 신라는 충분히 국제적인 나
라였고, 황금은 세계 무대에서 신라의 상징이었다. 신라는 망하는 날까지, 나아가 망한 이후에도 숲 속을 비치는 찬란한 햇살 같은 '황금의 나라' 로 알려졌다.
이처럼 황금은 토우와 함께 신라 상승기의 양면을 보여 주는 상징인 셈이다. 격동하는 시대에도 큰 울림 없는 민중의 삶을 토우가 담담하게 표현한 반면, 금관
은 상승하는 신라 왕실의 자부심을 화려하게 표현하고 있었다. ※ 52~55쪽 '신라실' 을 참조하세요.

불교의 나라

상승하는 신라에는 날개가 있었다. 그 날개를 달아 준 사람은 다름아닌 부처였다.

불교는 고대 아시아 세계에서 단순한 종교가 아니라 보편적이고 수준 높은 문화 체계였다. 어떤 나라가 불교를 받아들였다는 것은 그 나라가 당시 국제적으로 요구되는 문화 수준에 도달했다는 징표였다. 신라는 그 징표를 갖추는 데는 삼국 가운데 가장 늦었지만, 일단 불교를 받아들인 다음에는 발빠르게 움직였다. 흥륜사, 황룡사, 영흥사 등 대규모 사찰을 세우고 불교에 심취한 나머지 자기 나라를 '불국토', 즉 부처가 사는 나라라고 생각했다.

그러한 자부심을 단적으로 말해 주는 설화가 있다. "인도의 아육〔아소카왕〕이 불상을 세우려고 여러 번 시도했는데 웬일인지 끝내 실패했다. 그리하여 배에 구리 5만 7천 근, 황금 4만 푼과 삼존상의 모양을 그린 그림을 함께 실어서 바다에 띄워 보냈다. 인연이 있는 나라에서 불상으로 서기를 바라면서. 그 배가 도착

감은사터 삼층석탑 : 경상북도 경주시 양북면 용당리 감은사터의 쌍둥이 탑. 국보 112호. 동탑·서탑 모두 높이 13.4m. 백제의 미륵사터 석탑이 중국에서 온 나무탑 양식을 충실히 모방한 것과 달리 돌 형태에 맞게 추상화시킨 석탑이다. 건립 시기는 감은사가 창건된 682년(신문왕 2년) 무렵으로 추정된다. 감은사는 '삼국 통일'을 이룬 문무왕이 불교의 힘으로 왜구의 침략을 막겠다며 짓기 시작한 호국 불교의 대표적 사찰이다.

한 곳이 바로 신라의 개운포(지금의 울산항)였다. 신라에서는 그 재료로 한번에 불상을 완성했으니, 이것이 저 유명한 황룡사의 금동장육상(1장 6척 크기의 불상) 이요, 때는 진흥왕 5년(544년)이다"(『삼국유사』).

이처럼 신라 왕실과 찰떡 궁합을 맞춘 불교는 신라의 팽창에 견인차 역할을 했다. 신라가 낳은 최고 영웅 김유신(595~673)이 이끄는 화랑도의 이름은 '용화향도(龍華香徒)'였다. '용화'란 도솔천의 미륵보살이 인간 세상에 내려와 성불할 때 그늘을 만들어 주는 나무의 이름이요, '향도'란 불교를 신봉하는 무리를 뜻한다. 따라서 김유신은 미륵보살에 버금가는 존재로 생각되었으며, 용화향도는 미륵 신앙의 힘으로 '삼국 통일'의 대업에서 핵심적인 역할을 할 수 있었다.

오늘도 우리는 경주와 그 주변 곳곳에서 불교와 함께 날아오르던 '신라'라는 이름의 용을 만날 수 있다. ※ 64~71쪽 '신라실'을 참조하세요.

불국토의 완성을 보여 주는 경주 남산 : 경주시 남산동에 있는 칠불암(七佛庵) 옆 화강암 바위와 돌기둥에 새긴 일곱 불상.
삼국 통일 이 이루어진 8세기 들어 불교는 왕실과 귀족을 넘어 일반 서민의 생활 속에까지 파고들어 갔다.
경주 남산은 그러한 대중 불교 의 산실로 모든 계곡과 봉우리가 불탑과 불상으로 가득 차게 되었다.
이 마애불은 그 시기에 제작된 신라인의 벗으로, 바위 동쪽 면에 삼존불을 새기고 돌기둥 각 네 면에 불상을 조각하여 배치했다.
이와 같은 배치는 중국의 석굴 사원과 같다. 높이는 가운데 본존상이 2.66m, 양쪽 협시보살이 2.11m. 곳곳에 기와 조각들이 널려 있는
것으로 보아 법당 같은 건물이 있었을 것으로 보인다. 본존불은 당당하고 풍만한데다 눈과 코가 모두 크고 높아 중량감이 느껴진다.
두 협시보살도 당당한 체구에 소탈한 웃음까지 머금어 본존에 버금가는 위엄을 보인다. 보물 200호.

14

바 다 의 나 라

'바다의 민족' 바이킹은 지도자가 죽으면 그 주검을 배에 태워 바다로 떠나 보낸다. 그러고는 배를 향해 불화살을 쏘아 화장(火葬)과 수장(水葬)을 겸한 장엄한 장례식을 치름으로써 죽은 이를 바다의 푸른 물결에 영원히 맡긴다. 우리 역사에도 그렇게 바다에 묻힌 지도자가 있었다. 살아서는 서해를 건너 쳐들어온 당나라 군대를 몰아냈고, 죽어서는 동해를 건너 쳐들어오는 왜구를 몰아내겠다면서 저 드넓은 바다의 용이 된 사나이. 그의 이름은 문무왕이다.

바다는 또한 신라인을 드넓은 외부 세계와 이어주는 창이었다. 황룡사 금동장육상의 재료가 인도로부터 도착했다는 개운포는 수많은 외국인이 '황금의 나라'를 찾아 들어오는 국제 무역항으로 번영을 누렸다. 이 항구는 로마 유리잔과 양탄자 등 서역 물품과 신라의 황금이 교차하는 가운데 골짜기 나라 신라를 세계 속의 신라로 바꾸어 놓고 있었다.

눈을 동해에서 돌려 서해와 남해를 보라. 9세기가 되면 서해 항로의 개척자인 백제의 뒤를 이어 장보고(?~841)가 청해진(지금의 전라남도 완도)에서 두 눈을 부릅뜨고 바다 건너 중국과 일본을 바라보고 있다. 그는 당나라·신라·일본을 잇는 삼각 해상로를 장악하고, 인도양에서 남중국해를 거쳐 오는 해상 실크로드를 완성한 '해상왕'으로 동서 교류의 역사 속에 우뚝 서 있다. 장보고가 당나라 산둥반도에 둔 거점을 통해 신라로 가지고 들어오거나 일본으로 가져간 해외 명품들은 그곳에서 모두 선풍적인 인기를 끌었고, 그는 일본에서 재물의 신으로 추앙받았다.

천년 왕국으로 나아가면서 신라는 바야흐로 바다의 왕국이 되어 세계를 향해 뻗어 나가고 있었다. ※ 46·47쪽 '신라실', 90쪽 '가상체험실'을 참조하세요.

고 분 의 나 라

10세기. 신라의 팽창을 따라 동해로, 서해로, 나아가 세계로 뻗어 나가던 우리의 눈은 갑자기 경주로 돌아온다. 신라가 움트기
시작한 곳, 시골 나라 사로국의 화려한 비상(飛翔)을 주도했던 왕들의 무덤이 있는 곳으로 우리는 돌아왔다. 옛 백제 땅에는 후
백제, 옛 고구려 땅에는 후고구려가 각각 들어서 신라를 압박하더니, 마침내 신라는 시작한 지점인 경주로 오그라들고 말았다.
돌이켜보건대 해상왕 장보고는 신라라는 용광로가 보여 준 마지막 불꽃이었다. 경주의 신라 지배층은 그 이상의 포용력은 발휘
하지 못했다. 지방 출신 장보고를 제거하고 청해진의 몰락을 방치했던 신라 왕실의 행태는 그대로 신라라는 나라의 한계였다.
신라 지배층은 세계사에 유례없는 천년 역사 속에서 한 번도 경주 이외의 지방에 자신들의 특권을 나누어준 적이 없었다.

대릉원 : 경상북도 경주시 황남동. 사적 175호. 약 12만 5400평의 평지에
23기의 고분이 솟아 있어 고분군의 규모로는 경주에서 가장 크다. 주목할 만한 것은
내부가 공개되어 있는 천마총과 미추왕릉, 그리고 황남대총 등이다.
황남대총의 규모는 동서 80m, 남북 120m, 높이 23m로 신라 고분 중 가장 크다.
미추왕릉을 '대릉'이라고 했다는 기록에 따라 1970년대 이곳을 사적 공원으로
조성할 때 '대릉원'으로 이름 붙였다.

옛 삼국은 물론 중국·일본·서역에서 들어오는 풍부한 산물과 문화는 경주로 집중되었고 중앙과 지방의 주요 관직도 오직 경주 사람만이 차지했다. 이러한 국가 운영은 신라에게 집중력을 선사했겠지만, 결국 그로 인하여 신라는 풍요의 원천인 지방을 빼앗기고 경주로 오그라든 채 최후를 맞게 되었다. 이는 고려에서 조선으로 넘어갈 때 왕조만 바뀌었을 뿐 영토는 그대로였던 것과 뚜렷한 대조를 이룬다. 이 같은 신라의 행로는 때때로 신라의 역사적 역할에 대한 격렬한 비난을 낳는다. 그러나, 어쨌든 그런 집중력 때문에 신라인은 세계에서도 드문 천년의 문화 유적 도시인 경주를 우리에게 남겨 주었다. 저 우뚝 선 무덤들은 신라 천년 동안 그랬던 것처럼 신라가 사라진 이후로도 천년 동안 남아 산 자들의 그늘이 되어 주고 장식이 되어 주고 있다. 저 무덤들 속에서는, 그리고 경주 구석구석에는 우리가 알고 있는 것보다 훨씬 더 많은 고대사의 진실들이 우리를 기다리고 있다. 이제 그 속으로 뛰어들어갈 준비를 하자. ※ 70·71쪽 '신라실'을 참조하세요.

신 라 생 활 관

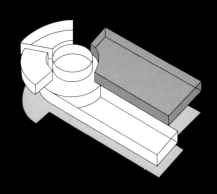

전시 PART 1

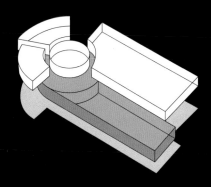

신라인은 세계적으로도 드문 천년의 역사 속에 토속적인 전통 문화와 외래
문화를 조화시키며 오늘 우리에게까지 이어지는 삶의 바탕을 이룩한 사람들입니다.
여기서는 그들의 삶을 두 전시실로 나누어 보여 줍니다.
먼저 '신라실'에서는 삼국과 중국·일본을 넘어 서역의 문물까지 한데 녹여
눈부신 국제 도시 서라벌을 창조한 신라인, 그러면서도 토우로 상징되는 소박한
전통 문화를 끝까지 간직했던 뚝심의 신라인, 나아가 이 세상을 장엄하기 그지없는
불국토로 단장하고 불교의 인연 속에 살다 간 신라인의 삶과 죽음을 만날 수 있습니다.
'특별전시실'에서는 신라 문화의 역량을 총결집하여 창조해 낸 '불교적 이상 세계',
불국사와 석굴암을 진귀한 옛 사진과 첨단 3차원 그래픽을 동원하여 재현합니다.

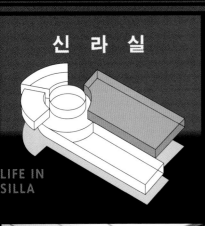

▲ **경복궁 전철역에 있는 신라 시대 기마 인물상** : 현대 한국의 수도 서울 심장부를 지나는 지하철 3호선 경복궁역. 이 역의 승강장에는 두 기(騎)의 신라 시대 기마 인물상이 우뚝 서 있다. 그 가운데 상급 귀족으로 보이는 이 인물상의 모델은 5~6세기에 만들어진 신라 토우(土偶)로서 국립중앙박물관에 보관되어 있다. 이 토우는 그릇 모양을 겸해 말꼬리는 손잡이, 말의 앞가슴에 뻗친 것은 물을 따르는 부리 역할을 한다. 삼국 시대 공예 조각의 수작(秀作) 가운데 하나로, 1924년 가을에 경주시 노동동 금령총에서 출토되었다. 토우 높이 23.4cm, 길이 29.4cm(오른쪽 위 사진.) 국보 91호.

우리는 지금 신라로 간다
-천년의 대장정을 시작하며-

서울 한복판에 말을 타고 나타난 이 잘생긴 신라 사나이의 고향은 경상북도 경주이다.
그는 5~6세기부터 경주시 노동동에 있는 신라 시대 무덤 금령총(金鈴塚)에서 잠을
자고 있었다. 그러다가 1924년 삽과 곡괭이로 무장하고 무덤 속으로 들어온
침입자들(발굴단)에게 발견되어 1500년 만에 햇빛을 보았다.
우리는 이제부터 이 '경상도 머스마'와 함께 그가 살던 시대의 경주로 떠난다.
서라벌이라고 불리던 당시의 경주는 격렬한 사회 변동의 소용돌이 속에 있었다.
경주 한구석에서 '사로국'이라는 초라한 씨족 연합체로 시작한 신라 사회는 삼국 가운데
가장 폐쇄적이고 자기 전통에 대한 집착이 강했다. 말 탄 사나이의 가늘게 찢어진 눈과
강퍅한 턱, 강단진 몸매, 그리고 사내와 말을 빚은 이의 투박하면서도 곰살궂은
손끝이 그것을 잘 보여 준다. 심지어는 그가 타고 있는 말조차 웃는 듯 마는 듯 찢어진
눈매로 초기 신라의 고집을 과시하고 있다.
그러나 바로 이 사나이가 살던 시대부터 신라는 이전과는 전혀 다른 사회로 바뀐다.
그것은 불교라는 외래 종교와 중국에서 들어온 선진 관료 체제를 받아들이는 것과
맥을 같이하는 변화였다. 그 후 신라의 모습은 우리에게 낯선 것만큼이나.
아니 어쩌면 그 이상으로 경주 출신의 이 사나이에게도 낯설 것이다.
우리의 신라 여행은 이 사내의 시대나 그 이전에 머물지 않고 훨씬 뒤의 시대,
신라가 '삼국 통일'을 이루고 한반도의 지배자로 우뚝 선 8~9세기까지 내려오면서
천년의 신라 전체를 바라보게 될 것이다.
한반도 동남부 형산강 유역의 좁은 분지에 틀어박혀 있던 경주가 한반도의 중심 도시,
나아가 서아시아의 이슬람 세계에까지 알려진 국제 도시로 발돋움한 시대.
토속 신앙의 상징으로 가득 찼던 신라의 산과 들과 거리를 절과 불상이 뒤덮어 버린 시대.
이런 시대의 신라인은 경복궁 전철역의 촌티 나는 신라인과는 달라도 한참 다를 것이다.
무엇이 이 우물 안 개구리 같은 사내들을 한반도 통일의 주인공으로 만들었을까?
무엇이 그들에게 역사상 유례없는 천년 왕국을 지탱할 힘을 주었을까?
전통과 첨단이 교차하는 전성기 신라인의 삶 속에서 우리는 끊임없이 이 질문을 던지고
그때마다 사내의 고집스런 얼굴을 쳐다보며 그 답을 모색하게 될 것이다.

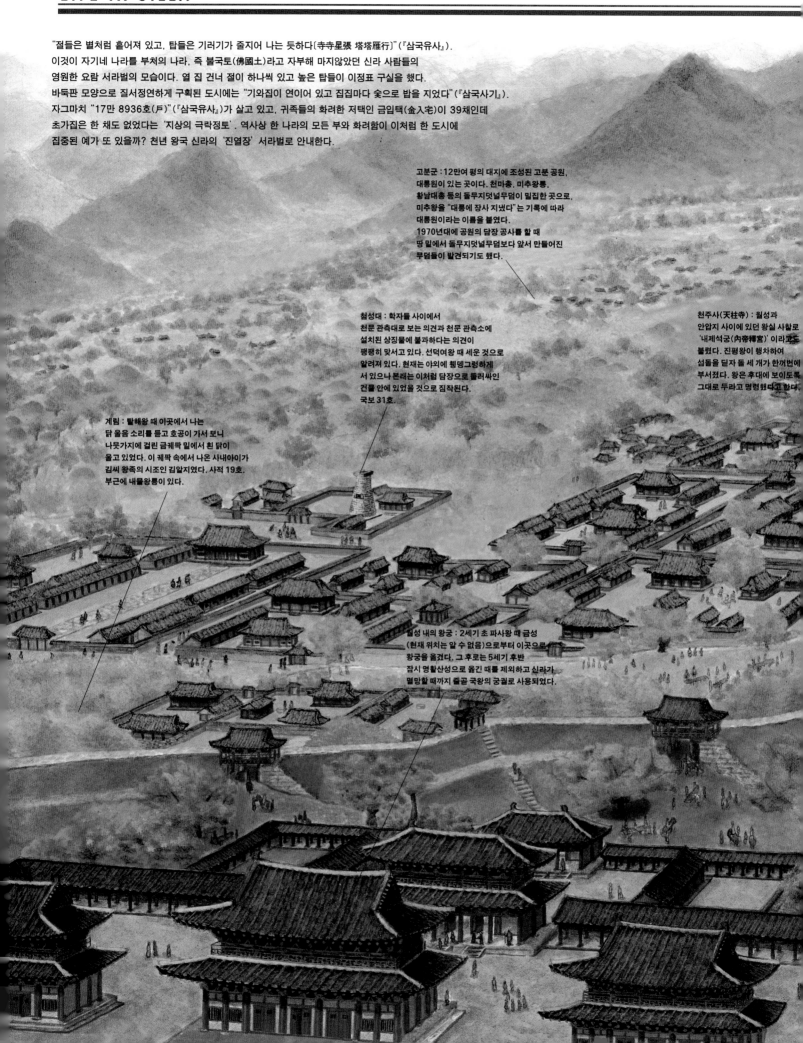

"절들은 별처럼 흩어져 있고, 탑들은 기러기가 줄지어 나는 듯하다(寺寺星張 塔塔雁行)"(『삼국유사』).
이것이 자기네 나라를 부처의 나라, 즉 불국토(佛國土)라고 자부해 마지않았던 신라 사람들의
영원한 요람 서라벌의 모습이다. 열 집 건너 절이 하나씩 있고 높은 탑들이 이정표 구실을 했다.
바둑판 모양으로 질서정연하게 구획된 도시에는 "기와집이 연이어 있고 집집마다 숯으로 밥을 지었다"(『삼국사기』).
자그마치 "17만 8936호(戶)"(『삼국유사』)가 살고 있고, 귀족들의 화려한 저택인 금입택(金入宅)이 39채인데
초가집은 한 채도 없었다는 '지상의 극락정토'. 역사상 한 나라의 모든 부와 화려함이 이처럼 한 도시에
집중된 예가 또 있을까? 천년 왕국 신라의 '진열장' 서라벌로 안내한다.

고분군 : 12만여 평의 대지에 조성된 고분 공원.
대릉원이 있는 곳이다. 천마총, 미추왕릉,
황남대총 등의 돌무지덧널무덤이 밀집한 곳으로,
미추왕을 "대릉에 장사 지냈다"는 기록에 따라
대릉원이라는 이름을 붙였다.
1970년대에 공원의 담장 공사를 할 때
땅 밑에서 돌무지덧널무덤보다 앞서 만들어진
무덤들이 발견되기도 했다.

첨성대 : 학자들 사이에서
천문 관측대로 보는 의견과 천문 관측소에
설치된 상징물에 불과하다는 의견이
팽팽히 맞서고 있다. 선덕여왕 때 세운 것으로
알려져 있다. 현재는 야외에 횡뎅그렁하게
서 있으나 본래는 이처럼 담장으로 둘러싸인
건물 안에 있었을 것으로 짐작된다.
국보 31호.

천주사(天柱寺) : 월성과
안압지 사이에 있던 왕실 사찰로
'내제석궁(內帝釋宮)'이라고도
불렸다. 진평왕이 행차하여
섬돌을 딛자 돌 세 개가 한꺼번에
부서졌다. 왕은 후대에 보이도록
그대로 두라고 명령했다고 한다.

계림 : 탈해왕 때 이곳에서 나는
닭 울음 소리를 듣고 호공이 가서 보니
나뭇가지에 걸린 금궤짝 밑에서 흰 닭이
울고 있었다. 이 궤짝 속에서 나온 사내아이가
김씨 왕족의 시조인 김알지였다. 사적 19호.
부근에 내물왕릉이 있다.

월성 내의 왕궁 : 2세기 초 파사왕 때 금성
(현재 위치는 알 수 없음)으로부터 이곳으로
왕궁을 옮겼다. 그 후로는 5세기 후반
잠시 명활산성으로 옮긴 때를 제외하고 신라가
멸망할 때까지 줄곧 국왕의 궁궐로 사용되었다.

북궁 : 일제 시대에 이주
회랑을 갖춘 대규모 건
월성이 남쪽에 치우친
위해 지은 궁궐, 즉『삼
북궁으로 추정한다.

현재 경주시 중심부 : 경부선 국철이
지나는 경주역이 있으며, 경주 시청,
우체국 등이 자리잡고 있다.

◀ 천년의 도시 경주 : 서라벌은 경주의
본래 이름이다. 신라 이전에는 이곳에 진한의
한 나라인 사로국이 자리잡고 있었다.
경주라는 이름이 생긴 것은 935년 고려가
신라를 합병하면서부터였다. 경주는
태백산맥 꼬리 부분에 자리잡고 있으며,
태백산맥 남단에서 남쪽으로 내려오는
소백산맥과 그 남쪽으로 흐르는
낙동강으로 가로막혀 있다.
이러한 지형은 경주에 천연의 방벽을 제공하는
반면, 폐쇄성이나 보수성의 요인이 되기도
했다. 그러나 신라 시대에 경주는 이런 지형적
한계를 뛰어넘어 삼국의 문화는 물론
중국·이슬람 등지의 문화까지 받아들임으로
써 국제 도시의 면모를 갖추었다.

- 계획 도시 경주 -

오늘날 경주 시내 중심가는 경기도 일산이나 분당 같은 신도시 못지않게 정연한 계획
도시의 모습을 과시하고 있다. 그 계획이 이루어진 것은 일이십 년도 아니고
일이백 년도 아닌 천오백 년 전의 일이다. 469년(자비왕 22년) 시가지를 구획하여
방(坊 : 약 160m×140m)과 리(里)로 나누는 방리제를 시행하고, 곧 그 틀에 맞추어 사방으로
통하는 도로망과 우편역, 그리고 시장을 설치했던 것이다. 그 이후의 도시 확장은 모두
이 틀에 맞추어 이루어졌다. 7세기 들어서는 동아시아 각국 수도의 표준으로
여겨지던 당나라 장안을 본떠 경주 시가지를 정비했다. 장안은 북쪽에 궁궐을 두고
남쪽을 향해 '주작대로' 라는 큰길을 낸 다음 그 양쪽으로 관청을 비롯한 여러 건물들을
일정한 구획 아래 배치한 형태였다.
그러나 장안의 모델을 받아들이기 오래 전에 신라의 왕궁은 이미 남쪽의 월성에 자리잡고
있었고, 방리제의 틀 속에서 북쪽으로 시가지가 뻗어 나가고 있었다. 신라인은 이 추세에
맞추어 월성과 마주 보고 있는 정북(正北) 쪽에 새로운 궁궐을 지었을 뿐,
장안의 궁궐이 북쪽에 있다고 해서 이곳으로 왕궁을 옮기지는 않았다. 중국의 새로운
모델을 받아들이면서도 전통의 왕궁이나 방리제의 틀은 포기하지 않았던 것이다.
새로운 문명을 받아들이면서도 고유의 전통을 버리지 않았던 '고집스러운 국제 도시'
경주의 면모는 이러한 도시 계획에서부터 엿볼 수 있다.

⊙ 경주 도시 계획의 핵, 다리

경주는 도시 계획에 따라 흐르는 강을 가운데 끼게 되었다.
부여와 평양은 북쪽으로 높은 산에 기대어 큰 강을 바라보는
지형이지만, 경주 도심 평지의 서·남·북 3면에는 조그만 강
이 흐르고 큰 산은 그 강의 바깥쪽에 있다. 시가지 남쪽에 치
우친 월성은 남천을 천연 해자(방어용 도랑)로 삼고 있었기
때문에 남천에는 다리가 건설되었다. 이에 따라 다리 놓는 기
술과 다리에 얽힌 설화가 발달했다. 7세기 진평왕 때 인물인
비형랑은 귀신들과 사귀면서 하룻만에 다리를 놓는 기적을
선보였다고 한다(『삼국유사』). 이 비형랑이야말로 경주인
사이에 전설적인 존재가 된 건설업자가 아니었을까? 다리는
또한 남녀가 만나는 장소이기도 했고, 원효의 스승인 대안 스
님 같은 노숙자의 잠자리이기도 했다.

▲ 원효 대사가 사랑을 맺은 다리
760년(경덕왕 19년) 남천에 세운
월정교(月精橋)의 교각 밑부분. 남천 양쪽
다리받침 사이의 길이가 60여m.
돌로 아치교를 짜기에는 교각 사이의 거리가
너무 먼 것으로 보아, 지붕 구조물이 있는
나무 다리였으리라고 짐작된다. 이 다리는
원효 대사가 요석 공주와 인연을 맺은
곳으로 알려져 있다.

신라인의 조건

불완전하게나마 통합된 한반도의 첫 주인, 신라인. 그가 어떤 환경에서 태어나 어떤 교육을 받고 어떤 자질을 갖추어 가는가는 이후 한국인의 문화적 유전자에 큰 영향을 미칠 수밖에 없다. 그러나 신라는 엄격한 신분 사회. 모든 신라인이 똑같은 조건을 갖고 있었던 것은 아니었다. '통일' 이후 세대 신라인의 이상적인 조건들을 살펴보고, 그런 조건에 다가갔거나 그 앞에서 좌절했던 여러 신라인의 삶을 통해 신라 사회의 진실에 다가가 보자.

부글부글 | 너 자신의 전생을 알라

서기 699년 서라벌 남산. 서로 다른 두 곳에서 두 여인이 기도를 올리고 있다. 마애대좌불 앞에서는 젊은 귀부인이 바짝 마른 입술에 간절한 염원을 담아 읊조린다. "비나이다, 비나이다. 집안의 기둥이 되고 나라의 동량(棟梁)이 될 튼튼한 아들을 점지해 주소서."

조금 떨어진 삼층 석탑에서는 허름한 옷차림의 부인이 이 세상 사람이 아닌 듯 처연한 표정으로 빈다. "보살님께서 점지해 주셨던 제 아들 대성(大城)이가 죽었습니다. 머슴살이를 하며 마련한 밭뙈기를 흥륜사에 다 시주할 만큼 불심이 깊

었던 아이를 왜 데려가셨을까요?"

산등성이에 황혼이 깃들이자, 두 여인은 수많은 사람들의 장엄한 하산 행렬에 몸을 맡기며 서로를 무심히 스쳐지나간다. 두 사람을 함께 얽어매고 있는 기막힌 인연의 사슬을 알지 못한 채.

두 김대성 이야기 ● 열 달이 흘렀다. 삼층 석탑 앞에서 기도하던 여인 경조는 모량리(지금의 경상북도 월성군)에서 홀로 살며 죽은 아들 생각에 잠겨 있었다. 이때 한 사내가 그녀를 찾아와서 말했다. "저는 집사부 시중(오늘날의 총리)이

신 김문량 어른 댁에서 왔습니다. 그분이 옥동자를 보았는데 이 아이가 왼손을 꼭 쥐고 있다가 이레 만에 폈습니다. 그 손바닥 안에 '대성'이라는 두 글자가 새겨진 쇠붙이가 있더군요. 부인 마님께서 임신하실 때 '모량리 사는 김대성이 너희 집에 환생하리라'는 말이 지붕에서 들려왔는데 바로 들어맞은 겁니다. 어르신께서 저희 도련님의 전생의 어머니이신 부인을 꼭 모셔 오라 하셨습니다."

경조가 사내를 따라가 당도한 부잣집은 바로 마애대좌불 앞에서 아들을 점지해 달라고 빌던

▶ **앉아서 아이 낳는 여자 토우**
임신한 여인이 배를 만지고 있고 성기는 크게 벌어져 출산이 임박했음을 알 수 있다. 특히 이 여인은 앉아서 출산하는 자세여서 신라인의 출산 관습을 짐작하게 해준다. 경주 황남동 출토. 높이 6.8cm.

높이 494m의 남산은 신라의 왕성인 월성 뒤에서 서라벌을 내려다보고 있다. 황룡사, 감은사, 불국사 같은 웅대한 사찰들이 왕실의 위엄과 안녕을 지켜 주는 왕실 불교의 산실이었다면, 남산은 모든 서라벌 사람들의 아늑한 '불교 테마 공원'이었다. 산 속을 가득 메우고 있는 불상에 대해 현대의 어느 시인은 말했다. "석공은 돌을 깎아 불상을 만든 것이 아니다. 돌 속에 있던 부처님을 찾아낸 것이다."

귀부인의 집이었다. 죽은 대성은 바로 그때부터 이 부인의 뱃속에서 환생을 시작했던 것이다.

인연으로 얽힌 세상 ● 『삼국유사』 기록에 기초하여 재구성한 이 이야기를 그대로 믿을 사람은 없을 것이다. 어쩌면 김문량이 자기 아들의 출생을 신비화하기 위해 서라벌을 이 잡듯 뒤져서 '선행을 하고 죽은 대성'을 발견하고는, 자기 아들 이름도 대성이라 지은 다음 이 이야기를 꾸며 냈을지도 모른다. 그러나 어쨌든 이 이야기는 신라인의 출생관과 세계관에 관한 분명한 진실을 담고 있다.

엄격한 신분 사회인 신라 사회에서는 태어날 때부터 신분이 정해지고 그것은 평생토록 바뀌지 않았다. 그러니 머슴 대성과 부잣집 아들 대성은 살아서는 얼굴 한 번 맞대기 힘든 극과 극의 신분인 셈이다. 그런 두 사람을 하나로 묶은 것이 '업보 윤회설'이라는 불교의 가르침이다. 삶과 죽음이 별개의 것이 아니며 살아가는 동안 지은 업(業)에 따라 죽은 다음 세상에서 어떻게 태어나는가가 결정된다는 것이다.

신라인의 조건 1 - 불제자 ● 죽은 뒤에라도 부잣집에서 태어날 수 있다는 믿음은 현실의 삶이 고단한 머슴 대성에게 한 줄기 빛이었을 것이다. 한편 자신의 전생이 어떠했다는 것을 알고 있는 부잣집 아들 대성은 한층 경건한 자세로 삶에 임했을 것이다. 그는 훗날 신라 불교 건축의 백미인 불국사와 석굴암을 짓는 데 큰 공을 세우게 된다.

이처럼 불교는 8세기 신라 사회를 움직이는 주요 원리 가운데 하나였으며, 신라인을 규정하는 첫번째 조건은 바로 불교적 인연으로 가득 찬 세상에 태어나 불제자로 살아가는 것이었다.

그러나 불교가 처음부터 신라인의 종교는 아니었다. 남산 곳곳에는 불교가 들어오기 전 신라에서 믿어지던 토착 신앙의 흔적들이 남아 있다. '불국토' 신라에도 '불교 없는 신라'라는 전생이 있었으며, 8세기 신라는 그러한 전생과 현생이 한데 얽혀 움직이는 사회였다.

'바위 속에 숨은 부처' : 697년 효소왕이 망덕사 낙성식에 갔을 때 누추한 차림의 스님이 재(齋)에 참석하기를 청했다. 왕은 마지못해 허락하면서 "돌아가거든 왕이 올리는 재에 참석했다는 말은 하지 말라"고 했다. 그러자 스님은 "폐하도 석가를 공양했다는 말은 하지 마시오" 한 뒤 광채를 내며 남산으로 사라졌다. 왕은 당황하여 스님 모습으로 왔던 석가 부처를 찾았으나 부처는 이미 남산의 바위 속으로 숨은 뒤였다. 이 이야기를 통해 우리는 신라인이 수많은 바위에 80여 개의 불상을 새긴 이유를 짐작할 수 있다.

▲ **남산 삼릉 계곡 마애관음보살상** : 보살 뒤에 있는 기둥 같은 바위가 광배(머리 뒤의 둥그런 후광) 역할을 한다. 관음보살은 '세상의 소리를 듣는 보살'이라는 뜻으로 인도에서는 남성이었으나 동아시아에서는 여성으로 형상화되기도 한다. 8~9세기.

▲ **남산 탑골 부처바위** : 높이 10m, 둘레 30m인 바위의 사방에 화엄 세계를 묘사한 듯 부처, 보살, 비천, 나한, 탑 등이 새겨져 있다. 사진은 남쪽 면에 새겨진 삼존상(부처와 양쪽 협시보살의 상).

전통 신앙과 불교가 맞붙던 날 ● 그렇다면 불교는 언제부터 신라 사회의 주요 종교가 되었을까? 이 문제의 답을 찾기 위해서는 527년의 신라로 거슬러 올라가야 한다. 거기서 우리는 독실한 불교도 이차돈을 만나게 된다.

스물을 갓 넘긴 청년 이차돈은 사람들과 함께 천경림(天鏡林)으로 가고 있었다. 이곳은 샤머니즘의 요소가 깃들인 신라 고유의 제사 터였다. 그런 곳에서 이차돈은 나무들을 모조리 베어내고 흥륜사를 세우라고 사람들에게 지시했다. 흥륜사는 모량리의 김대성이 밭을 시주했다는 신라 최초의 절이다.

그러잖아도 외래 종교인 불교에 대해 경계의 눈길을 보내고 있던 귀족들이 벌떼같이 일어났다. "신라를 위협하는 고구려와 백제의 종교인 불교 때문에 신라의 얼이 깃들인 제사 터를 파괴하다니……." "불교는 오랑캐의 신(부처)만이 영원하고 우리가 받드는 천신(天神)들이나 귀족들조차 노비들과 다를 바 없는 미물이요 윤회의 사슬에 얽매여 있는 존재라고 말하는 사악한 종교요!" "훼부(喙部) 모즉지 매금왕은 이 일을 어찌 책임지려 하시오?"

폭풍 전야 ● '훼부 모즉지 매금왕'이란 누구인가? '훼부'란 당시 신라 지배층을 이루는 6부의 하나요, '모즉지'는 왕의 이름, '매금왕'은 신라 왕의 호칭이다. 왕이라는 자가 일개 부(部)의 대표자 취급을 받을 만큼 당시는 6부 귀족의 세력이 강했다. 스스로 하늘에서 내려온 천신의 후예라고 생각한 귀족들에게 그 천신과 만나는 천경림은 매우 신성한 장소였다.

그들은 죽어서도 지금처럼 떵떵거리며 살 수 있다고 믿었는데, 불교는 부처를 뺀 모든 사람이 똑같이 윤회의 사슬에 매여 있다고 주장하는 게 아닌가. 그러니 그들에게는 매우 위험한 종교가 아닐 수 없었다. 반면 왕에게 불교는 왕권을 부처와 연결짓기만 하면 다른 귀족들을 확실히 억누르고 사회를 통합할 수 있는 종교였다.

이처럼 전통 신앙과 불교 사이의 갈등은 왕과 귀족의 싸움이 되어 폭풍 전야를 맞고 있었다.

불교는 기적을 몰고 ● 처음에는 왕이 진 것처럼 보였다. 그는 귀족들이 보는 앞에서 이차돈을 불러 소란을 일으킨 죄로 사형에 처했다.

"담당 관리가 곧 이차돈의 관을 벗기고 손을

▶ **목 잘린 부처** : 경주시 남산 용장리 절터 삼층석탑. 불상이 삼층석탑 높은 대좌 위에 앉아 있어 '삼륜대좌불'이라고도 한다. 신라 때 승려 대현이 예불을 하며 불상 주위를 돌면 불상도 따라서 얼굴을 돌렸다는 이야기가 『삼국유사』에 전한다. 지금은 불상의 목이 잘려 몸만 동그마니 앉아 있는 모양이 안쓰럽다. 이처럼 목 잘린 부처가 경주 남산에도 적지 않고 국립경주박물관 야외전시장에도 줄지어 앉아 있다. 이는 조선 시대에 불교를 배척하는 분위기 속에서 저질러진 것으로 보인다. 8세기. 보물 187호.

뒤로 묶은 다음 관아의 뜰로 끌고 가서 큰 소리로 처형을 알렸다. 참수할 때 목 가운데서 흰 젖이 한 길이나 솟구치니, 이때 하늘에서는 꽃비가 내리고 땅이 뒤흔들렸다. 사람과 만물이 슬피 울고 동물과 식물이 동요했다. 길에는 곡소리가 이어졌고 우물과 방앗간에는 인적이 끊겼다"(「백률사 석당기」).

흰 젖(우유)은 인도에서 신성시하는 음식이요, 꽃비는 득도한 석가가 설법할 때 내린 영물이다. 이런 기적이 실제로 일어났을까?

『삼국유사』에 따르면 이차돈은 천경림으로 가기 전에 왕을 찾아가서, 귀족들의 저항을 누르기 위해 자신의 목을 치라고 제안했다. 왕은 무고한 사람을 죽일 수도 없으며 죽인다고 해서 불법에 귀의할 귀족들도 아니라며 고개를 가로저었다. 그러나 이차돈은 자신이 죽은 뒤 반드시 기적이 일어날 것이라면서 밀어붙였다.

혹시 이차돈의 죽음은 그와 왕이 짜고 꾸민 특수 효과 쇼가 아니었을까? 아니면 상처를 도려내듯 측근을 제거하는 왕의 단호함에 기가 질린 귀족들이 꼬리를 내렸던 것일까?

아무튼 불교는 신라의 종교가 되었고 왕은 귀족들 위에 군림하는 '대왕'으로 자리잡아 갔다. 불교를 공인한 이 왕의 시호가 '불법을 일으켰다'는 뜻의 '법흥왕(法興王)'이다. 이후 신라는 일사불란한 고대 국가 체제를 갖추고 눈부신 성장을 거듭했으며, 마침내 '삼국 통일'의 주인공이 되었다.

신라인의 아크로폴리스, 남산 ● 다시 700년의 서라벌로 돌아와 남산을 보자. 상사바위나 여근곡 등이 불교 이전 신라 토착 신앙의 자취를 보여 주지만, 남산 전체는 그 자체가 하나의 거대한 사찰로 불릴 만큼 수많은 불상과 불탑으로 뒤덮여 있다. 서라벌에 사는 집들은 저마다 남산에 자기 가문의 작은 절(암자)을 가지고 있어 그 수가 100여 개에 이르렀다.

남산의 이런 모습은 고대 그리스 아테네의 '아크로폴리스'를 연상케 한다. 아테네 시민은 높은 곳에 있는 아크로폴리스에 신전을 두고 그 아래 모여 살았으며, 낮은 곳에는 '네크로폴리스'라고 하여 묘지를 두었다. 남산을 거대한 신전으로 조성하고 그 아래 주거지와 묘지들이 함께 있는 서라벌은 아테네와 닮은꼴이다.

남산이 이렇게 된 것은 '삼국 통일' 이후의 일이다. 옛 신라 영토뿐 아니라 백제와 고구려 영토 일부에서까지 세금을 거두어들이면서 서라벌은 전무후무한 번영을 누리게 되었다. 그래서 귀족인 진골뿐 아니라 '중산층'인 육두품 집안까지도 남산에 사찰을 갖는 여유를 갖게 되었고, 남산은 신라 불교의 성지로 우뚝 서게 되었다. 이처럼 '현실의 극락정토'라 할 만한 남산은 8세기 신라인, 특히 서라벌 사람들의 삶과 죽음이 시작되는 곳이었다.

▲ **목 잘린 이차돈** : 경상북도 경주시 동천동 백률사 출토. 국립경주박물관 소장. 이차돈이 순교한 지 290년이 지난 818년(현덕왕 10년)에 그를 추모하여 세운 6면 비석이다. 높이 106cm. 새겨진 글씨는 거의 읽을 수 없으나 판독할 수 있는 단어들 중에는 『삼국유사』의 이차돈 순교 기록과 일치하는 것이 있다. 인물의 옷은 통 넓은 바지에 허리까지 덮는 상의로 신라 복식을 연구하는 데 좋은 자료이다.

▲ **남산 용장사 계곡 삼층석탑** : 경상북도 경주시 내남면 용장리 절터. 자연의 돌을 아래층 기단(받침)으로 삼고 그 위에 다듬은 돌로 위층 기단을 올렸다. 용장사에 머물며 『금오신화』를 썼던 조선 시대 시인 김시습은 이렇게 읊었다. "용장골 깊어 오가는 사람 없네 / 보슬비에 신우대는 여울가에 움돋고 / 빗긴 바람은 들매화 희롱하는데 / 작은 창가에 사슴 함께 잠들었네 / 의자에 먼지가 재처럼 깔렸네 / 깰 줄 모르네 억새 처마 밑에서 / 들꽃은 떨어지고 또 피는데"(윤경렬, 『경주남산』에서 옮김). 전체 높이 4.5m. 보물 186호.

화랑도 | 신라 고유의 기(氣)를 모아

▲ 천전리 서석(書石) : 울산시 두동면 천전리에 있는 바위에 신라인이 남겨 놓은 글씨. 높이 약 2.7m, 폭 약 9.5m의 큰 바위에는 법흥왕의 일족들 외에 여러 신라 왕족과 귀족이 이곳을 다녀간 기념으로 글씨와 그림을 새겨 놓았다. 이중에는 영랑(永朗)같이 역사책에서도 볼 수 있는 화랑들의 이름도 있어 천전리 일대가 화랑들의 수련 장소였음을 짐작케 한다. 선사 시대의 암각화가 새겨져 있는 이곳은 신라인들에게도 유서 깊은 장소이다.

화랑은 신라의 청년 조직이며 군사 조직이자 관료 양성 수단이었다. "진흥왕은 나라를 일으키려면 반드시 풍월도를 먼저 해야 한다고 생각하고 남자 중에서 덕행이 있는 자를 뽑아 화랑이라 했다. 이 가운데 설원랑을 국선으로 삼으니 이것이 화랑 국선의 시작이다"(『삼국유사』). '국선'은 화랑 가운데 우두머리이며, 화랑은 수백에서 수천의 낭도를 거느렸다. 이들은 전시에는 바로 군사 조직으로 활용되었으며, 그 가운데 능력있는 자는 벼슬을 받았다.

8세기 중엽, 서라벌 근교의 태화강변에 수십 명의 젊은이들이 모여 있다. 그들을 이끄는 승려가 눈을 감고 노래를 부르기 시작한다.

"흐느끼며 바라보매 이슬 밝힌 달이 흰 구름 따라 떠간 언저리에……." 충담 스님이 당대의 큰 화랑인 기파랑(耆婆郎)을 찬양하여 지은 향가 「찬기파랑가」이다. 젊은이들이 노래를 따라 부르며 춤을 춘다. 정해진 형식의 춤이 아니라 자연과 노래 가락에 몸을 내맡기는 춤이다. 분위기가 고조되면서 그들은 마치 신령과 접촉한 듯 무아지경으로 들어간다. 그들은 계속해서 노래를 부르고 춤을 추면서 열광의 도가니에 빠져든다. 그 열광이 지나가면 그들은 기진맥진한다. 그러나 자신들의 몸 속으로 천지귀신의 오묘한 힘이 들어와 있는 것을 느낀다.

아무리 불교가 신라의 국교가 되었다고 해도 신라에는 신라만의 정서와 기운이 있다. 그것을 신라 청년들에게 불어 넣어 주고 신라의

인재로 길러내는 독특한 제도가 화랑도이다.

신라인의 조건 2 - 화랑도 ●

무엇이 신라만의 정서요, 신라만의 기운인가? 9세기 신라가 낳은 대문장가 최치원은 이렇게 말했다.

"우리 나라에 오묘한 사상이 있으니 풍류라 한다. 여기에는 세 가지 가르침이 모두 포함되어 있다. 첫째, 집에 들어가면 효도하고 나라에 충성하라는 것은 공자의 가르침. 둘째, 무위자연의 길을 따르고 말없이 실천하도록 가르치는 것은 노자의 길. 셋째, 악행은 절대로 하지 말고 선행은 다 하라는 것은 석가모니의 가르침이다"(「난랑비서」).

여기서 최치원이 말한 '오묘한 사상'인 풍류는 풍월도라고도 하고 화랑도라고도 한다. 그러니까 '화랑도'라는 신라 고유의 사상에는 유교·불교·도교의 가르침이 다 포함되어 있다는 것이다. 이처럼 화랑도(花郎徒 : 화랑과 낭도의 조직)에 들어가 화랑도(花郎道), 곧 신라 고유의 도(道)를 몸에 익히는 것은

화랑의 수련, 춤과 노래 : 놀이가 아니라 산천의 신령스러운 기운과 교감하는 종교 행위이다. 이 때문에 화랑은 예로부터 성역으로 전해 오는 특별한 곳을 찾아서 수련을 했다. 그리고 춤과 노래는 용기를 기르기 위한 고대의 군사 훈련이기도 하였다.

이상적인 신라의 청년으로 성장하는 주요 조건 가운데 하나이다.

화랑의 원동력 ● 7세기의 낭도였던 검군은 나라에 기근이 들어 동료들이 창고에서 곡식을 훔치자, 이렇게 말하며 가담하지 않았다. "나는 화랑인 근랑의 낭도에 이름을 올리고 풍월도(화랑도)를 닦은 사람이다. 의로운 일이 아니면 천금을 주어도 움직이지 않는다."

그런데 이 정의파 사나이는 불의를 범한 동료들을 나라에 고발하지 않다가 오히려 그를 두려워한 동료들에게 독살당하고 만다. 왜 고발하지 않았을까? 현대인의 정서로는 잘 이해가 되지 않지만, 검군은 국가의 공권력보다는 동료간의 의리를 더 소중히 여겼던 것이다. 동료들은 그를 배신했지만, 그가 지키려 했던 '공동체적 의리'는 화랑도의 소중한 원천이었다. 이러한 공동체적 의리를 국왕에 대한 충성으로 바꾸어 놓은 데 화랑도와 신라가 성공한 비결이 있다.

화랑 사전에 삼십육계는 없다 ● 명장 김유신의 둘째아들 원술은 수천 낭도를 거느린 화랑이었다. 그는 당나라 침략군에 맞서 싸우다가 힘에 부치자 후퇴했다. 그러자 김유신은

왕명을 어기고 가문을 더럽혔다는 이유로 원술을 집에 받아들이지 않았다. 673년 아버지가 세상을 떠나자 원술은 어머니 지소 부인을 찾아갔으나 역시 문전박대당했다. 원술은 훗날 당나라와의 전투에 참가하여 공을 세웠으나 끝내 어머니의 용서를 받지 못하고 벼슬에서 물러나 평생 숨어 살아야 했다.

열다섯 살의 나이로 황산벌 전투에 선봉으로 나선 화랑 관창은 적진으로 돌진하다 백제의 명장 계백에게 사로잡혔다. 계백은 관창의 용기를 가상히 여겨 돌려보냈지만, 이를 수치라고 생각한 관창은 갑옷을 고쳐 입고 다시 나가 싸웠다. 그러나 이번에도 관창은 계백에게 사로잡히고 말았다. 계백은 할 수 없이 관창의 목을 베고 그 목을 말안장에 매달아 돌려보냈다. 이를 본 신라군은 분노와 용기로 똘똘 뭉쳐 싸웠고 마침내 계백을 죽이고 백제군을 전멸시켰다.

이 지독한 근성이야말로 화랑도의 핵심이며 신라가 자랑할 만한 청년 정신이었다. 8세기의 화랑과 낭도들도 태화강변과 삼척의 사선봉, 금란굴, 고성의 삼일포 등 산수가 수려한 국토를 순례하며 춤도 추고 무예 수련도 하면서 이 정신을 기르기 위해 애쓰고 있다.

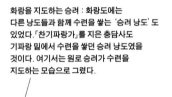

화랑을 지도하는 승려 : 화랑도에는 다른 낭도들과 함께 수련을 쌓는 '승려 낭도'도 있었다. 「찬기파랑가」를 지은 충담사도 기파랑 밑에서 수련을 쌓던 승려 낭도였을 것이다. 여기서는 원로 승려가 수련을 지도하는 모습으로 그렸다.

▶ **화랑 재현도** : 화랑은 진골 출신 청년만이 맡을 수 있었다. 처음에는 청년들의 지도자로 원화라는 여성들을 두었으나 곧 폐지하고, 아름다운 남자들을 뽑아서 곱게 단장하고 화랑이라 이름 붙였다고 한다. 7세기 때 화랑 귀산과 취항이 원광 법사로부터 다음과 같은 세속 5계를 받아 화랑의 지도 이념으로 삼았다. 임금에게 충성하고, 부모에게 효도하며, 벗을 믿음으로 사귀고, 싸움에 나가 물러서지 말며, 살생은 가려서 하라(!).

◀ **임신서기석** : "우리는 어떠한 일이 있어도 우정을 꺾지 않으며, 세상이 어지러워지고 나라가 위태로우면 목숨을 바쳐 큰 일을 할 것이다. 그리고 『시경』과 『서경』, 『예기』, 『춘추좌씨전』을 3년 안에 완전히 습득하기로 맹세한다." 화랑들이 그들의 맹세를 새겨 놓은 비문의 내용이다. 어찌나 '약속'을 소중하게 여겼는지 誓(맹세할 서)'자만 일곱 번이나 들어가 있다. 신라에는 어린 나이로 가야 정벌에 혁혁한 공을 세웠던 사다함이라는 화랑이 친구인 무구랑(武官郎)과 죽음을 같이할 친구로 맹세했다가 무관이 병들어 죽자 통곡하다가 7일 만에 죽었다는 비장한 이야기도 전해 내려온다.

한번 진골은 영원한 진골

서라벌의 귀족 집 딸이 왕실로 시집을 간다. 오늘은 왕실이 신부 집에 예물을 보내는 납채(納采) 날. 으리으리한 '금입택'에 비단 15수레, 쌀·술·기름·꿀·간장·된장·포·젓갈 135수레, 조(租) 150수레가 들어오자, 집주인은 손님을 청해 향긋한 차를 마시면서 기쁨을 나눈다. 이것이 신라 사회의 최고 신분인 진골의 세계이다.

신라인의 결정적인 조건 – 골품 ● 진골이란 무엇인가? 인도의 카스트처럼 주민을 몇 개의 신분으로 나누어 주택부터 벼슬 기회까지 차별을 두는 골품 제도에서 최고의 신분이다.

골품 제도는 말 그대로 사람들을 '골'과 '품'으로 나눈다. 왕족과 귀족에 해당하는 '골'에는 성골과 진골이 있고, 중간층과 평민을 아우르는 '품'에는 육두품부터 일두품까지 있다.

이 가운데 성골은 왕족 가운데서도 일부에 국한된 특권층이었는데, 7세기 후반에 없어지고

▲ ▶ '용' 기와와
인동 보상화 무늬 수막새
용기와는 안압지 출토.
도깨비 기와로 불렸으나,
그 기능이 귀신을 쫓는
것이므로 용 무늬라는
주장이 나왔다. 인동 보상화
무늬 수막새는 경주 금장리
기와 가마터 출토.

장식 무늬 : 벽·기둥·도리 부분을 여러 가지 연속 무늬로 장식했다. 고구려 고분벽화에서도 이 같은 장식들이 확인된다.

현어 : 지붕의 합각 부분에 금판의 물고기 모양 장식을 매달았다.

겹처마 : 지붕 선을 더욱 아름답게 하기 위해 처마를 이중으로 만들었다.

막새기와 : 암키와와 수키와의 끝을 아름답게 마감하는 장식 기와. 인동이나 연꽃 등의 무늬를 새겼다.

서까래 장식 : 주석판 같은 것을 투조로 조각한 다음 못으로 박아 서까래 끝을 장식했다. 작은 기와 장식을 못으로 고정시키기도 했다.

병풍 : 휘장과 마찬가지로 난방이 발달하지 않은 시절 장식과 보온 두 가지 용도로 쓰였다. 진골 집에는 수 놓은 병풍을 두지 못한다는 규정이 있었다.

금속 장식 : 금과 은, 놋쇠 등으로 장식하거나 오색 단청을 하지 못하도록 한 규정이 있는 것으로 보아 그러한 장식이 성행했던 것으로 보인다.

태종무열왕부터는 진골이 왕위에 올랐다. 앞에서 살펴본 '비운의 육두품'은 그래도 귀족들을 빼면 제일 높은 신분이고 쉽게 올라갈 수 없는 신분이라고 하여 '득난(得難)'으로 불렸다.

6~1두품의 구별은 처음에는 엄격했으나 '통일' 이후에는 점차 3~1두품의 구분은 의미가 없어져 일반 백성과 똑같은 취급을 받게 된다.

중요한 것은 이 골품 제도가 어디까지나 왕경 사람들에게만 해당한다는 사실이다. 지방민들은 골품 제도 밖에서 왕경 사람들과는 근본적으로 다른 2등 국민 대우를 받으며 살았다. 한편, 노비는 왕경에서 살아도 골품을 받지 못했다.

혼인은 '골품 이어달리기' ●
한번 골품이 결정되면 그 신분은 대를 이어가고 웬만해서는 바뀌지 않는다. 육두품인 원효는 왕의 딸인 요석공주와 결혼했지만 아들인 설총은 아버지 육

두품 신분만 물려받았다. 이처럼 부모 가운데 하나만 귀족이 아니어도 그 자식은 귀족이 되기 어려웠다. 지금 우리가 목격하고 있는 금입택의 혼인은 결국 진골 신분을 자손 만대에 물려주기 위한 '이어달리기' 행사인 셈이다.

이처럼 사람들이 태어날 때부터 그들의 삶의 수준을 결정해 버리는 골품 제도를 빼놓고 '신라인의 조건'을 이야기한다는 것은 공허한 노릇이다. '100% 신라인'의 자격을 왕경 출신 진골 귀족만 독점한 것은 어쩌면 신라 사회에 집중력을 제공했을지도 모른다. 그러나 이 제도는 결국 신라의 발전을 가로막는 족쇄로 작용했다. 신라의 멸망은 바로 골품제에 대한 육두품과 지방 호족의 반발에서 비롯되었기 때문이다.

그리고 이러한 지역 편중, 계층 편중 문제의 해결은 고려와 조선, 그리고 현대를 사는 우리들에 이르는 신라인의 후예 모두의 과제로 남았다.

※ '가상체험실'을 참조하세요.

진골에서 노비까지 ●
서라벌에는 왕궁을 빼 놓고도 지금 우리가 보고 있는 금입택처럼 크고 화려한 집들이 더 있다. 『삼국유사』에 따르면, 동야택(東野宅)·곡량택(谷良宅)·구지택(仇知宅)·가이택(加伊宅) 등 네 군데는 '사절유택'이라 하여 서라벌 사람들이 계절마다 찾아다니는 초대형 호화 저택이었다고 한다.

이러한 진골 귀족들의 집은 그 자체로 하나의 작은 세계를 이루고 있다. 그 안에는 골품제의 우두머리인 진골 가족이 있고 집안일을 봐주는 집사들이나 사병(私兵) 같은 평민들, 그리고 골품제 밖의 노비들에 이르기까지 수많은 식솔들이 함께 살고 있다.

이처럼 작은 왕국의 왕처럼 자신들만의 '왕국'을 이루고 살았던 진골 가족의 집안 생활은 어떤 것이었을까?

834년의 주택 규정에 따르면 "진골의 집은 당나라식 기와를 사용하지 못하며, 망새기와(치미)를 올리지 못하고, 처마 끝에 물고기 모양 장식품을 달 수 없다. 3층 층계를 놓지 못하고 담장 위에 들보를 올리지 못한다". 그러나 이 금지 규정이야말로 사실은 진골 귀족들이 집을 그렇게 꾸미고 살았음을 말해주는 게 아닐까?

휘장 : 고구려 고분벽화에서 보이는 것처럼 집안에는 벽 대신 화려한 비단 휘장을 둘렀다. 휘장은 내부를 가리면서 보온 기능도 했다.

전돌 : 비가 와도 흙을 밟지 않고 다닐 수 있도록 마당에 전돌을 깔았다.

첨단과 유행의 국제 도시 서라벌

8~9세기 동아시아에서는 중국 역사상 최고의 국제성과 낭만성을 과시했던 당나라를 중심으로 발해와 신라, 일본 등이 저마다 국제적인 문화 역량을 자랑하고 있었다. 이 시대 육로와 해로의 실크로드를 통해 들어온 동서 문물이 한데 모여 융합의 큰 소리를 내고 있던 국제 도시 서라벌로 안내한다.

서라벌의 시장을 관리하는 시전(市典).
이곳은 상인 간이나 상인·고객 간의 분쟁을 해결하는 일,
시장을 열고 닫는 시간과 도량형을 관리하는 일, 왕궁에서 사용하는
물품을 조달하는 일, 왕궁에서 쓰고 남은 생산물을 파는 일,
상인들로부터 세금을 거두어들이는 일 등을 한다.
이곳의 관원으로는 최고 책임자인 감(監)이 2명, 중간 관리자인
대사(大舍)가 2명, 기록하는 일을 담당하는 서생(書生)이 2명,
그리고 감찰 활동을 하는 사(史)가 4명이 있었다.

단령 : 28대 진덕여왕 때
중국에서 받아들인 옷으로
조선 시대까지 계속되었다.
깃이 둥글고 소매가
넓으며 길이가 발뒤꿈치까지
내려오는 옷이다.

복두 : 중국의 관모였는데,
7세기 진덕왕 때 김춘추 주도로
당나라의 의관 제도를 채택하면서
모든 관등의 남자들이 쓰기 시작했다.
또 진골에서 평민까지 신분의
차이 없이 모두 착용했으며,
조선 시대까지 왕에서 문무백관에
이르는 관모로 사용되었다.

육합화 : 여섯 조각의
가죽을 이어붙여 만든
부초의 일종.

시장 | 사람도 흐르고 물건도 흐른다

시장은 고여 있는 것을 싫어한다. 사람이든 물건이든 한번 이곳으로 들어가면 흥정과 교환을 거듭한 끝에 다른 사람, 다른 물건이 되어 그곳에서 흘러나온다.

9세기, 동시(東市)를 관할하는 동시전(東市典). 이제 막 사회 생활을 시작한 듯한 젊은이가 서로 삿대질을 하며 언성을 높이고 있는 억센 시장 사람들 앞에서 골똘히 무언가를 살피고 있다. 자, 오늘은 또 무슨 일이 벌어진 것일까?

나는 네가 시장에서 한 일을 알고 있다 ● 젊은이 앞에 서 있는 사람들은 시장에서 다투다가 시장을 감시하고 다니는 관리인 사(史)에게 끌려왔다. 한 명은 고깃가게 주인이고, 또 한 명은 그 가게에서 물건을 사려던 손님이다. 손님은 주인이 저울을 속였다면서 금방 먹살잡이라도 할 것처럼 씩씩거렸다.

젊은 관리는 상인이 사용하던 저울과 동시전이 보관하는 국가 표준 저울을 꼼꼼히 비교해 보더니 짐짓 무서운 표정을 지으며 상인을 노려본다. "네 이놈! 어디서 감히 저울 눈금을 조작해 시장 질서를 어지럽히느냐?"

그는 이어 기록 담당인 서생(書生)에게 사건의 전말과 판결 내용을 적도록 하고 이를 상관인 동시전감(東市典監)에게 보고했다.

부정한 상혼을 밝혀낸 우리의 젊은 '포청천'

은 대사(大舍)라는 직함을 가지고 있다. 동시전에서 전감 다음으로 높은 벼슬이다. 진골 출신인 이 청년은 순탄한 출세 가도를 달린 결과 서른도 안 되어 11등급인 나마 관등을 얻고 그 자리에 올랐다.

젊은 대사와 서생, 사 등 동시전 관리들이 고깃가게 주인의 저울 사기 사건을 놓고 이야기를 나누고 있을 때, 긴급 보고가 들어왔다. 사정부(司正府)의 감찰반원들이 동시전에 떴다는 것이다. 동시전 팀은 오늘 자신들의 '업적'이 그들 눈에 들기를 은근히 기대하면서, 혹시라도 트집잡힐 일은 없을까 하는 염려 때문에 다시 시장 순찰에 나섰다.

서민들의 시장 ● 동시에는 참으로 다양한 가게들이 물건을 늘어놓고 장사를 하고 있었다. 그 가운데 가장 번잡하고 시장 냄새가 물씬 풍기는 곳은 역시 필수품과 일상용품들을 파는 가게들. 시장에는 포목점, 철물점, 그릇가게, 기름가게, 고깃가게 등이 있어서 이들 물건을 사기 위해 나온 사람들로 항상 북적거렸다. 사람들은 거래 수단인 쌀과 견포(絹布)를 들고 자기들에게 필요한 물품을 사기 위해 이 가게 저 가게 기웃거리며 흥정하느라 정신이 없었다.

그런가 하면 사람들이 많이 모여 값을 흥정하는 것 같은데 물건은 보이지 않는 곳도 있었다.

그들이 팔고 사는 '물건'은 다름아닌 노비들이었던 것이다.

시장에 모여드는 사람들을 위해 서비스를 제공하는 가게들도 있었다. 간단히 점심을 때우고 목을 축일 수 있는 주점(酒店), 어설픈 사내들의 허튼 욕망을 채워 주는 음방(淫房)…… 그런가 하면 창가(倡家)라는 곳에서는 눈요깃거리를 제공하는 광대들이 모여 고둥을 불고 비파를 뜯으며 지나가는 사람들을 유혹하고 있었다.

귀족들의 시장 ● 조금 떨어진 곳에는 귀족들을 상대로 사치품과 고가품을 파는 가게들이 있었다. 평민들은 감히 엄두도 내지 못하는 화려한 신발이며 파란색 보석으로 장식한 머리빗, 금박을 입힌 은은한 무늬의 천들. 거기에다 중국에서 건너온 귀한 도자기와 고급 향료, 중국보다도 먼 서역에서 들어온 에메랄드 따위의 찬란한 보석, 예쁜 무늬를 넣고 튼튼하게 짠 양탄자……, 심지어 장식용 공작새 꼬리깃털까지 있었다. 이런 고가품 가게에는 주로 귀족 집에서 일하는 사람들이 주인의 심부름을 나와 물건을 살피고 가격을 흥정했다.

그런가 하면 새로운 것을 갈망하는 젊은이들이 먼 나라에서 들어온 색다르고 화려한 물건들을 구경하기 위해 가게 주인들의 눈총에도 아랑곳하지 않고 여기저기를 기웃거렸다.

▲ **청동제 12지신상 추 :** 경주 성동동에서 출토된 '통일신라' 시대의 추. 무게를 재는 형기(衡器) 중 신라의 유물로는 그 밖에 돌추가 하나 더 발견되었다. 높이 5.2cm, 무게 364g.

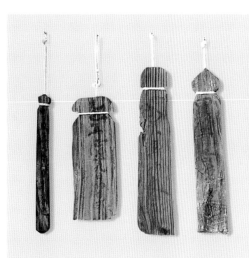

◀ **목간 :** 나무편을 얇게 깎아 여기에 문서, 편지, 그 밖의 글을 기록했다. 중국이나 일본에서도 많이 출토되었고, 충청남도 부여 궁남지와 능산리 절터에서 백제 목간, 경상북도 경주시 안압지에서 신라 목간(사진)이 나왔다. 사진처럼 목간 위쪽의 두 측면을 에워 홈을 낸 다음 이것을 실로 묶어 건물 외벽이나 문에 걸었다. 상태가 깨끗하고 먹을 묻힌 흔적이 전혀 없는 것은 다시 사용하기 위해 면을 깎았기 때문인 것으로 보인다.
일본 헤이조쿄(平城京) 유적에서 출토된 2만여 점의 목간도 70%가 재사용된 것으로 밝혀졌다. 먹으로 쓰거나 음각한 글씨 중에는 관부명인 '洗宅(세택)', 관등명인 '韓舍(한사)', 인명인 '思林(사림)' 등이 보이는데, 이로 미루어 8세기 중엽인 경덕왕 때 것으로 여겨진다.

서라벌에는 모두 세 군데에 시장이 있었다. 서라벌에 상가 건물이 생긴 것은
490년(소지왕 12년) 시사(市肆)라는 관영 상점을 설치하면서부터였다. 본격적인 시장은
18년 후인 508년(지증왕 9년) 개설된 동시(東市)가 시작이며, '삼국 통일' 뒤안
695년(효소왕 4년)에는 서시(西市)와 남시(南市)를 추가로 열었다.
이리하여 서라벌은 명실공히 첨단의 문물이 교차하는 상업 도시로서의 면모를
갖추게 되었다.

옹기 가게 : 서민들은 나무 그릇을 많이 썼지만
서라벌에 사는 웬만한 사람들은 단단하게
구운 토기를 주로 썼다. 그리고 부유한 사람이나
귀족들은 고급 놋그릇과 놋수저를 사용했고,
이것들이 일본으로 수출되어 현재 쇼소인에
남아 있다.

포교승 : 원효처럼
불교의 대중화에
노력했던 승려들.
이들에게 시장은
더없이 좋은 포교 장소
였을 것이다.

숯 가게 : 밥 짓는 데 숯을 쓴
이유는 장작을 쓸 때보다 그을음이
적게 나기 때문이다. 일부 귀족은
자신이 소유한 산림에서 직접
나무를 베어 숯을 만들어 썼지만,
대부분은 시장에서 숯을 샀다.

시전(市典) : 시장을 관리하는
관청. 시장은 국가가 직접
관리하고 운영했다.
특히 귀중품들의 거래는
관아가 통제했다.

주점(酒店) : 금강산도
식후경, 상인이나
손님을 상대로 간단한
음식과 술을 파는 곳이다.

포목점 : 직조법이 발달하여
비단류 그종류가 매우 많았다.
능, 라, 마직포, 금, 포, 조하금 등의
비단을 일본으로 수출하기도 했다.

곡예사 : 많은 사람들이
모이는 장터는 문화의 공간이다.
각종 곡예나 공연이 이곳에서
벌어진다.

서역 상인 : 아라비아 상인은 이윤이 있는 곳이면
가지 않는 곳이 없었다. 이들은 뱃길로 동남아시아와
당나라를 거쳐 신라의 개운포(울산)에 정박하며
서라벌까지 왕래했을 것이다.

일본으로 가는 물건 : 악기, 그릇
종이, 먹, 비단 등 많은 신라 물품이
일본으로 수출되었다.

'신라 속의 서역' 전

바그다드는 9세기에 서아시아 세계를 평정한 아바스 왕조의 수도 . 타고난 장사꾼으로 전세계의 바다 무역을 주름잡던 이슬람 상인들의 본거지였다. 당시 이곳에서는 다음과 같은 소문이 돌고 있었다. "중국 맨끝 깐쑤(강주:오늘날의 경상남도 진주시 일대로 추정) 맞은편에는 산이 많이 있는데 그곳이 바로 신라(Silla)이다. 이 나라에는 금이 많으며, 무슬림(이슬람교도)은 일단 이 나라에 들어가면 그곳의 훌륭함 때문에 정착하게 된다"(이븐 쿠르다지바, 『도로와 국가들』). 이것은 신라가 단지 삼국의 문화를 흡수하는 데 그치지 않고 중국과 중앙아시아를 넘어 이슬람 세계와도 활발히 교류하고 있었음을 말해 준다. 서라벌을 참다운 국제 도시로 만들면서 서라벌 사람들의 사랑을 받았던 서역 명품들. 이 진품(珍品)들을 감상하면서 이슬람 세계에까지 난 저 소문이 결코 헛소문이 아니었음을 확인해 보자.

◀ **뿔잔** : 경주 미추왕릉 지구 5호분 출토. 뿔잔은 지중해·서아시아·북중국과 신라·가야·일본에 분포한다. 뿔잔을 사용하는 풍습은 스키타이·흉노 등 기마 유목민들간의 충돌로 발생한 문화 접촉으로 한반도까지 전파된 것 같다. 고구려·백제에는 뿔잔이 없는 것이 특징이다. 5세기. 받침 높이 11.0cm.

▶ **옥으로 만든 목걸이** : 경주 미추왕릉 지구 C지구 3호분에서 출토된 상감옥 목걸이. 서역인이 그려져 있는 왼쪽 구슬은 이 목걸이의 구슬 하나를 확대한 것이다. 5~6세기. 길이 24.0cm. 보물 634호.

▲ **신라 금과 로만 글래스의 조화** : 경상북도 칠곡 송림사 5층 벽돌탑의 금동 사리 장치와 유리 사리기(舍利器). 금으로 도금한 신라 특유의 사리 장치와 서역에서 들어온 유리로 처리한 사리 그릇이 묘한 조화를 이룬다. 큰 유리잔 표면에 이란 사산 왕조 계통의 둥근 무늬가 새겨져 있고, 그 안에 다시 작은 녹색 유리병이 들어 있다. 8세기. 높이 15.9cm. 보물 325호.

◀ **이란(페르시아) 무늬돌** : 오른쪽은 사자, 가운데는 나무를 사이에 두고 공작 두 마리가 있는 무늬이며, 왼쪽은 미완성이다. 이런 무늬는 이란 사산 왕조에서 유행하던 것이다. 신라 귀족 집의 건축재로 만들다가 중단한것으로 짐작된다. 국립경주박물관 뜰에 있다. 8세기. 300 × 68.5cm.

비단길 : 서쪽의 로마에서 동쪽의 한반도에 이르는 육로는 북아프리카의
안티오크 - 바그다드 - 사마르칸트 - 둔황 - 장안을 거치는 '사막의 길' 과
북부 초원 지대를 거치는 '초원의 길' 이 있다.

타나이스
카라코룸
오르도스
콘스탄티노플
로마
우루무치
하미
안시
울산
알마아타
사마르칸트
둔황
창안(장안)
메르브
밍저우
바그다드
라호르
허텐
알렉산드리아
마투라
바닷길 : 북아프리카 알렉산드리아를
출발하여 아라비아 반도를 통과한 뒤
인도양을 건너 동중국해와
서해에 이른다.
광저우
바리가자

◀ 서역 벽화 속에 나오는 보검
경주 미추왕릉 지구 계림로 14호분에서 출토된
5~6세기 제품. 이러한 보검은 그리스·로마·이집트·
서아시아에서 유행한 형식이다. 특히 5세기
훈족의 아틸라 왕 때 성행했다고 한다.
이것은 5세기 전후 중앙아시아와 고대 한반도
주민들의 교류를 입증해 준다.
길이 36.0cm. 보물 635호.

▲ 중세의 아라비아인이 그린 신라 지도
12세기 무슬림 지리학자 알 이드리시가 만든 세계
지도 속의 신라. 세계를 70등분한 지도 중 하나인데
섬들로 묘사되어 있는 것이 신라이다.

▼ 로마에서 온 유리 그릇 : 경주 황남대총 출토.
유리 그릇은 고구려·백제·가야에서는 보이지 않아
신라 문화의 특수성을 이해하는 한 가지 열쇠이다.
아래의 유리 그릇들은 남러시아·지중해 주변
서아시아에서 출토된 로마 유리 제품과 형태나 제작 수법이
비슷하기 때문에 실크로드를 통해 신라에 전해졌을 가능성이 많다.
왼쪽의 키 큰 물병은 지중해 지방에서 포도주를 담는 용기인
오이노코에(Oinokoe)의 전형적인 모습이다.

—— 신라 귀족들의 '보디가드'

◉ 신라의 이슬람인

8세기 말에 만들어진 38대 원성왕릉(괘릉) 앞의 무인상(武人像). 높이 257cm.
신라가 무덤 주위에 돌로 만든 기념물을 두기 시작한 것은 8세기 무렵부터인데, 이
는 당나라 제도를 받아들인 것이다. 그런데 이 무인상은 코가 크고 눈이 움푹 들어
갔으며 수염이 많은 서역인(인도유럽어계나 투르크계)의 얼굴에다 근육이 불끈
나온 팔로 철퇴를 잡고 있다. 무덤을 지키는 무인상의 모델로 서역인을 삼은 것은
신라가 서역과 교류했다는 사실뿐 아니라 서역인에게 느꼈던 신라인의 감정을 잘
보여 준다. 안강에 있는 흥덕왕릉 무인상도 이와 비슷한 모습인데, 당삼채의 도기
인물상에서 많이 볼 수 있는 얼굴이다. 실제로 신라 귀족들은 종종 서역인을 호위
무사로 채용했을 것으로 짐작된다.

"여기가 임해전(臨海殿)입니다. '바다를 바라보는 궁전'이라는 뜻이죠. 물론 이 궁전 앞의 시원한 물은 바다가 아니라 인공 연못입니다. 하지만 진짜 바다처럼 넓어 보이죠? 교묘하게 설계한 덕에 어느 곳에서 바라보아도 연못 전체가 한눈에 들어오지 않거든요."

동시전의 '젊은 포청천' 대사(大舍)가 이슬람 사절단을 안내하고 있는 이곳은 태자의 궁인 동궁(東宮). 그 안의 임해전에서는 귀족 관료들이 모여 있다가 일어나 외국 손님을 맞았다. 한쪽에선 무희들이 춤을 추며 「번회곡」이라는 가요를 부르고, 한쪽에선 악사들이 가야금을 뜯으며 흥을 돋우고 있다. 이윽고 헌강왕과 왕비를 태운 수레가 도착하면서 서라벌 특유의 화려한 연회의 막이 올랐다.

신라의 주도(酒道) ● 임해전에 둘러앉아 서역의 진기한 나라들과 당나라 수도 장안에 대한 이야기 등으로 담소를 나누던 사람들 앞으로 시종들이 주안상을 내왔다. 그런데, 특이하게도 술상 위에는 참나무로 만든 14면체 주사위가 놓여 있었다. 장안에 갔을 때 본 적이 있다며 고개를 끄덕거리는 이슬람 상인에게 먼저 주사위가 건네졌다. 멀리서 날아오르는 기러기 모습과 겹쳐지며 포물선을 그리던 주사위는 정확히 좌중 한가운데 떨어졌다. 주사위 맨 위에 올라온 면에는 이런 글씨가 씌어 있었다.

'석 잔 술을 한꺼번에 마시기〔三盞一去〕.'

"허허, 주사위가 허우대 좋은 서역 사람을 알아보는구먼. 관우가 술잔의 술이 식기도 전에 적의 목을 베고 돌아오듯 숨도 쉬지 말고 한꺼번에 들이키시오."

집사부 시중 영감의 너스레에 폭소가 터진다. 서역 손님이 석 잔 술로 얼굴 전체가 벌겋게 달아오른 가운데 사람들은 돌아가면서 주사위를 던지고 거기 나오는 지시대로 온갖 개인기를 펼쳐 보인다. '한 잔 다 마시고 크게 웃기', '여러

▲ **피리 부는 부처**
안압지에서 출토된 8세기의 금동 화불(化佛). 피리(퉁소)를 불고 있다. 높이 8cm.

안압지의 규모는 동서 200m, 남북 180m이며 연못 안쪽으로 쌓은 돌 축대의 길이는 총 1km 정도에 이른다. 축대는 건물이 자리잡은 서쪽과 남쪽에서는 직선으로, 북쪽과 동쪽은 40여 구비의 굴곡으로 되어 있으며, 직육면체의 돌로 쌓았다. 연못 바깥의 동쪽과 북쪽에는 중국 양쯔강 상류에 있는 명승지인 우산(巫山) 12봉우리를 본뜬 인공 산을 만들어 놓고, 진귀한 새와 짐승을 길렀다. 물은 동남쪽에서 돌로 만든 입수구(入水口)를 통해 들어와 못 안에 있는 크고 작은 세 개의 섬을 돈 다음 동북쪽에 있는 출수구(出水口)로 빠졌다.

입수구 : 끌어온 물을 수조에 모은 다음 인공 폭포를 통해 연못 속에 들어가도록 했다. 입수구가 이렇게 좁은 것은 물의 회전이 빨라지게 하려 함이다. 조선시대에 이곳을 직접 본 김시습이 "용의 목구멍에서 토해내는 물소리가 급하다."는 싯구절을 남긴 것으로 보아 입수구에는 용머리가 있었을 것으로 짐작된다.

◉ 안압지(雁鴨池)라는 이름

'삼국통일' 직후인 674년(문무왕 14년)에 궁 안에 못을 파고 산을 만들어 화초를 심고 귀한 새와 진기한 짐승을 길렀다.

이 연못의 서쪽과 남쪽에 복원하여 정비한 건물 터는 태자가 거처하는 동궁(東宮) 자리로 문무왕 19년에 그 궁을 지었다는 기록이 있으며, 임해전은 동궁의 정전으로 짐작된다.

이 연못의 본래 이름은 월지(月池)로 추정되며, 안압지는 신라가 망한 후 폐허가 된 이곳에 기러기와 오리가 날아드는 것을 보고 붙인 이름이다. 문무왕 이후 역대 왕은 임해전에서 봄이나 가을에 잔치를 열곤 했는데, 마지막 왕인 경순왕이 고려 태조 왕건을 위해 잔치를 베푼 것이 역사에 기록된 최후의 향연이다.

출수구 : 입수구를 통해 들어온 물은 연못 곳곳을 돌아 출수구로 흘러나가는데, 출수구에서는 나무로 된 물막이로 수위를 조절했다.

인공 섬들 : 석축 위에 흙으로 산을 만들고 그 위에 자연석을 놓아 크기가 다른 세 개의 인공 섬을 만들었다. 발해만의 동쪽에 있다고 여겨진 삼신도(방장도·봉래도·영주도)를 본뜬 듯하다.

사람이 코 때리기', '스스로 노래 부르고 스스로 마시기', '팔뚝을 구부린 채 다 마시기', '소리 없이 춤추기', '덤벼드는 사람이 있어도 가만히 있기', '얼굴을 간질여도 꼼짝 않기', '누구에게나 마음대로 노래를 청하기'…….

그렇게 주사위를 던지면서 한껏 개인기들을 과시하기를 몇 차례. 초면의 서먹서먹함이 사라지고 이제 모두들 한데 어울려 놀 준비가 된 것일까. 일부는 전각 앞의 연못으로 뱃놀이를 즐기러 가고, 일부는 휴식도 취할 겸 연못 주변을 돌면서 산책을 즐기기 시작했다.

신라의 사랑 – 그녀는 예뻤다 ●

"요즘 저희 아바스 왕조에서는 '천일야화(千一夜話 : 일명 '아라비안나이트')', 즉 천하룻밤의 재미있는 이야기가 유행하고 있습니다. 주로 남녀간의 사랑에 관한 이야기가 많죠. 연못이 있고 숲이 우거지고 짐승들이 노니는 이곳은 꼭 그 이야기 속에 나오는 정원 같아서 사랑을 나누기에 좋겠다는 생각이 듭니다. 신라인은 사랑을 하고 싶을 때는 어떤 노래를 부르나요?'"

연못가 숲을 거닐면서 쉴새없이 탄성을 자아내던 이슬람 사절이 이렇게 묻자, 젊은 대사는 가까운 곳에 흐드러지게 피어 있는 철쭉꽃을 톡 꺾어 한껏 그 향기를 들이마시더니 어려서부터 들어온 향가인 「헌화가」(꽃을 바치는 노래)를 부르기 시작했다.

자줏빛 바위 끝에	紫布岩乎邊希
잡은 암소를 놓게 하시고	執音乎手母牛放教遣
나를 아니 부끄러워하시면	吾不喩慚肹伊賜等
꽃을 꺾어 바치오리다.	花折叱可獻乎理音如

"성덕왕 때 강릉 태수로 부임하던 순정공의 부인 수로는 빼어난 미인이었습니다. 수로 부인이 남편을 따라 강릉으로 가다  가 일행과 함께 잠시 쉬게 되었습니다. 바로 그때 그녀는 천 길이나 되는 바닷가 바위 위에 만개한 철쭉꽃을 봤습니다. 부인은 그 꽃을 너무나 갖고 싶어했는데, 워낙 위험한지라 아무도 나서지 않았다고 합니다. 그때 암소를 몰고 지나가던 노인이 선뜻 나서서 이 노래를 지어 바치고는 절벽을 기어올라가서 그 꽃을 꺾었다는 겁니다. 엉큼한 노인네의 망측한 행동이라고 생각하실지 모릅니다. 하지만 아름다움에 대한 신라인의 열정을 이만큼 잘 표현한 시도 없을 겁니다. 어떻습니까? 느낌이 오지 않으십니까?'"

"아름다운 여인의 마음을 얻기 위해서는 목숨도 아깝지 않다는 거군요? 멋집니다. '천일야화'에는 학문과 예술을 사랑하고 주변에 아름다운 여인들이 끊이지 않았던 아바스 왕조의 멋진 임금 하룬 알 라시드 이야기가 많이 나옵니다. 「헌화가」에 담긴 당신네 신라인의 풍류는 꼭 그분을 연상케 하는군요."

임해전 : 건물 석축이 동으로 4m, 북으로 5.8m 연못 안쪽으로 튀어나와 3면에서 경치를 잘 감상할 수 있는 곳이다. 그 이름에 걸맞게 안압지를 만드는 데 사용된 돌들은 바닷가에서 옮겨온 것이 많다.

▶ 안압지 주사위 : 8~9세기 때 제품. 정사각형이 6면, 육각형이 8면으로 기하학적인 조화를 이루었다. 높이 4.8cm.

동궁의 중심 건물 : 남향으로 세 건물이 남북 일직선상에 있다. 태자가 거처하고 집무를 보았던 동궁의 중심 건물들로 추정된다. 가운데 이 건물이 가장 규모가 크다.

이슬람 사절도 인정하는 '황금의 나라' 신라. 그 참모습을 보려면 우리는 잠깐 발걸음을 옮겨 5~6세기 서라벌의 봄으로 가야 한다. 그곳에는 온몸을 황금으로 치장한 아름다운 여인이 황금 도시 서라벌의 월성 한복판을 거닐고 있다. 오늘은 천신(天神)들에게 제사 지내는 특별한 날이라 여인은 평소에 쓰지 않는 찬란한 금관까지 쓰고 나왔다. 몸동작을 따라 하늘거리는 금관 장식과 그 옆으로 솟아 있는 순금의 새 날개 장식, 그리고 출렁거리는 허리띠 장식들이 봄빛보다 더 눈부시다. 이제 그 황금빛 패션의 진수 속으로 들어가 보자.

'새가 낳은 부인' ● 순금의 고깔 모자에 꽂은 새 날개 장식은 금방이라도 여인을 하늘로 데리고 날아갈 것처럼 솟아 있다. 고구려 무용총 벽화에 나오는 사냥하는 무사들이 달고 있던 새 깃털보다 크고 화려하다. 새는 오랜 옛날부터 북아시아의 여러 민족이 조상신으로 여겨 온 신령스러운 동물이다. 스키타이족과

흉노족도 모자에 금으로 만든 새 장식을 달고 다녔다.

한반도 동남쪽 외진 곳의 신라와 대륙 북쪽의 유목민이 무슨 상관이냐고? 둘 사이에는 새 장식말고도 공통점이 많다. 신라 왕족의 조상인 김알지 탄생 설화('야외전시' 참조)는 북방 계통의 설화와 같은 구조를 지녔고, 신라 왕족은 북방 유목민의 무덤과 같은 돌무지덧널무덤에 북방 계통의 장식물들과 함께 묻혔다. 그래서 신라 왕족이 스키타이 계통이라는 주장도 나온다.

북아시아 사람들은 여인이 높은 나무 밑에서 자식을 빌 때 새가 날아와 나뭇가지에 앉으면 아들을 잉태한다고 믿었다. 이렇게 태어난 인물은 위대한 지도자가 되는데, 그가 죽으면 새가 그 생명을 하늘나라로 돌려보낸다고 한다. 신라에서도 6세기 지증왕의 어머니가 조생 부인(鳥生夫人 : 새가 낳은 부인)이란 이름을 가졌을 정도로 새를 중시했다. 이런 생각을 세련된 미술 작품으로 표현한 것이 바로 여인의 머리 위에서 빛나는 황금새 날개가 아닐까?

▼ **금으로 만든 허리띠와 드리개** : 경주 금관총 출토. 곱은옥·물고기·칼·유리병·숫돌 등 20여 개의 장식이 달려 있다. 그러나 원형인 북방 유목민의 허리띠에서는 대부분 장식이 아닌 실물이 걸려 있었을 것이다. 5~6세기. 허리띠 길이 109.0cm. 드리개 길이 54.5cm. 국보 88호.

▲ **황금 여인** : 예복을 입은 '통일' 이전 신라 귀부인의 모습을 재현하였다. 금관을 쓴 다음 허리띠를 매고, 가슴꾸미개와 귀걸이·목걸이·팔찌를 했다. 여성용 금관으로는 황남대총 북분 것이 확실하지만, 여기서는 금관총에서 나온 금관을 모델로 삼았다. 저고리·바지·치마를 입고 그 위에 겉옷으로 두루마기를 입은 차림새는 왕비와 같지만, 옷감의 색깔·무늬·길이·폭에서 왕비복과 차이를 두었다. '통일' 후에는 당나라 복식을 받아들이면서 왕실 복식도 중국식으로 변화되었다.

金과 숲 ● 이번에는 시선을 일렁거리는 금관과 치렁치렁한 허리띠 장식들로 옮겨 보자. '金'이란 글자와 '숲'이란 글자가 닮아서일까? 금관의 세움 장식은 숲 속의 나뭇가지, 거기에 달린 비취옥과 금 장식은 나무 열매와 나뭇잎처럼 보인다. 또 양쪽으로 숲에 서린 사슴뿔 장식을 만들어 달기도 했다.

금관은 이처럼 숲 속의 사슴과 나무를 상징적으로 표현하고 있다. 사슴과 나무는 북아시아 유목민에게 신령스러운 존재였다. 하늘을 향해 자라는 나무는 하늘로 통하는 사다리로서 신과 인간을 연결해 주는 매개체요, 사슴은 신의 의지를 전달하는 신령스런 존재였다. 인간과 하늘의 매개자인 샤먼은 대개 머리 위에 사슴뿔 모양의 관을 쓰고 있었다. 이처럼 새와 나무, 사슴에 대한 신앙은 몽골 초원에서 만주와 신라까지 동서로 길게 이어진 초원의 길을 따라 널리 공유되었다.

그런가 하면 허리띠의 온갖 장식은 북아시아 유목민이 이동 생활을 하면서 사용하기 위해 허리에 차고 다니던 칼, 숫돌 등 각종 연장에서 유래한 것이다. 유목민에게는 실용품이었지만 신라에 들어와 농경 정착민들에 의해 변형되면서 이처럼 화려한 장식물로 탈바꿈한 것이다.

아무 때나 쓰면 금관이 아니지 ● 금관총 금관의 무게는 1kg 정도로 금 100돈 가량이 들어간다. 금은 다른 금속에 비해 물러서 가공하기가 쉽다. 금 1kg이면 3300m 길이에 이르는 금실을 만들 수 있고, 계속 두드려 펴면 종이보다도 얇게 가공할 수 있다.

금관 하나를 만드는데 걸리는 시간은 숙달된 장인 솜씨로 한 달. 두께가 1mm도 채 안 되는 금판으로 형태를 만들고 수백 개의 장식을 단 다음 각각의 솟음 장식을 금못으로 고정시키면 금관이 완성된다.

이렇게 만든 금관은 무겁고 흔들거린다. 또 얇은 금판에 높은 솟은장식(立飾)과 수백 개의 곱은옥(曲玉)까지 달려 있어 구조가 약하다. 그래서 특별한 행사 때나 장례 때가 아니면 왕족이라도 쓰고 다니기 힘들다. 천마총에서처럼 신라인은 돌무지무덤에 왕을 묻을 때 금관으로 죽은 이의 얼굴을 고깔 모양으로 덮어 주었다. 그러면 아름다운 새와 나무가 죽은 이를 하늘 세계로 데려다 준다고 믿었다.

▲ **귀걸이와 목걸이, 그리고 가슴꾸미개**
경주 월성로 가-13호분 출토. 월성로의 고분들은 1985년 경주 황오동 팔우정 사거리에서 경주박물관에 이르는 약 2km 길이의 월성로 하수도 확장 공사 때 발견된 유적이다. 돌무지덧널무덤, 덧널무덤 등 여러 형태의 고분 50여 기(基)가 분포해 있다. 고분의 크기는 작지만 가슴꾸미개처럼 높은 신분의 귀족이 아니면 착용할 수 없는 고급 장신구가 출토되었다. 5~6세기. 귀걸이 길이 5.5cm. 가슴꾸미개 길이 43.5cm.

▲ **금으로 만든 각종 꾸미개**
경주 금관총 출토. 오른쪽 아래 장식의 길이 17.5cm.

황금의 나라 회고전

김알지의 이름은 알타이어족에 속하는 모든 언어에서 금(金)을 뜻한다.
알타이 언어들의 '알트', '알튼', '알타이'가 '아르치'로, 다시 '알지'로
변한 것이다. 알타이 문화권은 금의 주산지로서 옛 소련에서 생산되던
금의 90%는 알타이 지방의 금광에서 산출되었다. 그런가 하면
한반도 원주민도 황금에 관해서는 일가견이 있었다. 옛 낙랑의 평양 석암리에서
나온 금제 허리띠 장식이나 고구려·백제의 금 장식들이 좋은 예이다.
이런 두 가지 전통을 다 이어받은 신라인의 황금 사랑은 화려한 장신구 문화를
낳고 금세공 기술의 발달을 자극했다. 6세기 법흥왕 때는 "진골들의
말 수레와 말 안장을 금·은·옥으로 징식하는 것을 금지한다"(『삼국사기』)고
했을 정도였다. 여기 그 화려한 신라 금세공의 세계가 펼쳐진다.

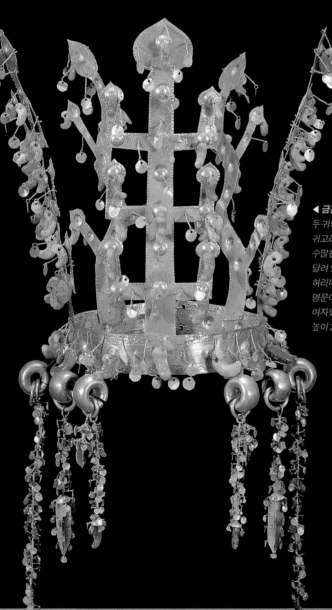

▶ **금관의 새 날개 장식**
경주 금관총 출토.
『삼국지』'위서 동이전'에는
변진(弁辰)에서 장례를 치를 때
큰 새의 깃털을 사용했다고 기록되어 있다.
이러한 전통에 따라 새 장식은
죽은 이의 영혼이 하늘로 날아오르기를
기원하는 상징으로 쓰였을 것이다.
5~6세기. 높이 27.5cm.
국보 87호.

◀ **금관** : 황남대총 북분 출토.
두 귀의 앞쪽에 6개씩
귀고리 모양의 장식을 달았으며
수많은 곱은옥과 나뭇잎 장식이
달려 있다. 함께 출토된 은제
허리띠에는 '부인대(夫人帶)'라는
명문이 새겨 있어 주인공이
여자였음을 알 수 있다.
높이 27cm. 지름 17cm.

▲ **금모자** : 경주 천마총 출토.
T자 모양과 곱은 모양 당초 무늬 등을 맞새김한
얇은 금판 여러 장을 붙여 만든 모자. 크기로 보아
헝겊이나 가죽 등으로 된 모자 위에 덧쓰는
것이었으리라 추측된다. 신라 고분 가운데
천마총에서 호화로운 유물이 가장 많이 발견되었다.
이 모자 외에도 사슴뿔 장식을 단 금관(왼쪽 사진)과
나비 모양·새 모양의 관 장식 2점도 함께
발견되었다. 한편 천마총은 천마도가 발견되었기
때문에 붙여진 이름이다.
5~6세기. 7.6cm × 17.2cm. 국보 189호.

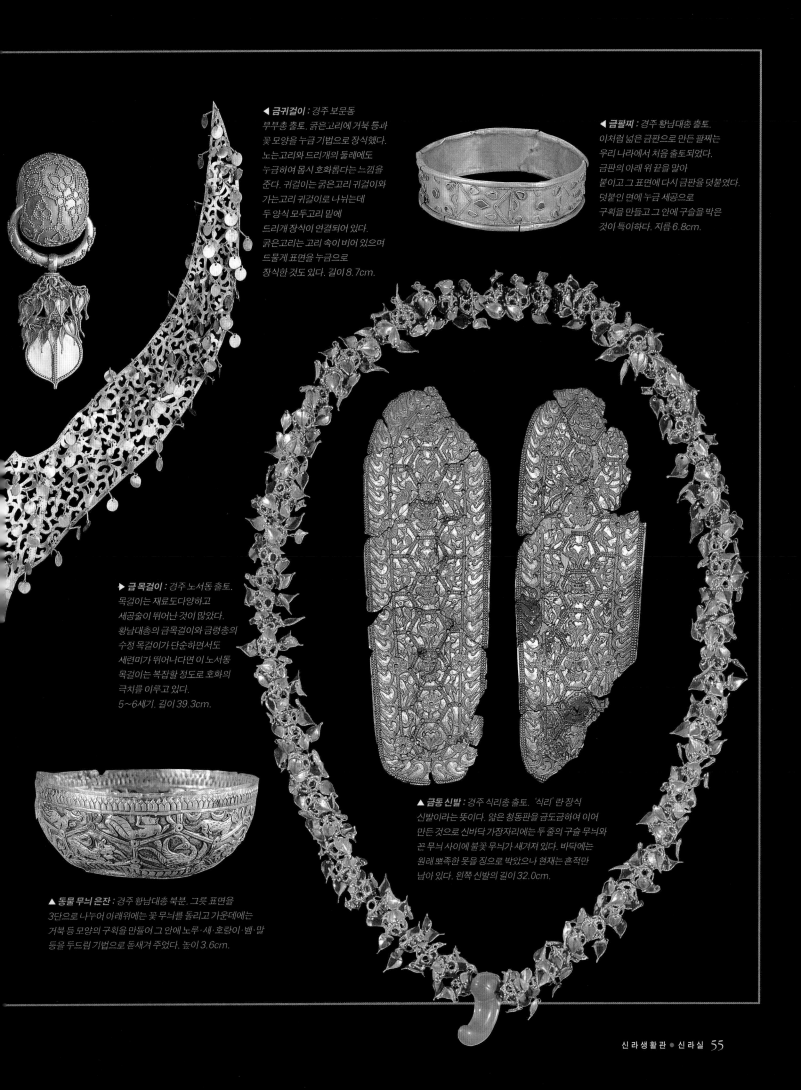

◀ **금귀걸이 : 경주 보문동**
부부총 출토. 굵은고리에 거북 등과
꽃 모양을 누금 기법으로 장식했다.
노는고리와 드리개의 둘레에도
누금하여 몹시 호화롭다는 느낌을
준다. 귀걸이는 굵은고리 귀걸이와
가는고리 귀걸이로 나뉘는데
두 양식 모두고리 밑에
드리개 장식이 연결되어 있다.
굵은고리는 고리 속이 비어 있으며
드물게 표면을 누금으로
장식한 것도 있다. 길이 8.7cm.

◀ **금팔찌 : 경주 황남대총 출토.**
이처럼 넓은 금판으로 만든 팔찌는
우리 나라에서 처음 출토되었다.
금판의 아래 위 끝을 말아
붙이고 그 표면에 다시 금판을 덧붙였다.
덧붙인 면에 누금 세공으로
구획을 만들고 그 안에 구슬을 박은
것이 특이하다. 지름 6.8cm.

▶ **금 목걸이 : 경주 노서동 출토.**
목걸이는 재료도 다양하고
세공술이 뛰어난 것이 많았다.
황남대총의 금목걸이와 금령총의
수정 목걸이가 단순하면서도
세련미가 뛰어나다면 이 노서동
목걸이는 복잡할 정도로 호화의
극치를 이루고 있다.
5~6세기. 길이 39.3cm.

▲ **금동 신발 : 경주 식리총 출토. '식리'란 장식**
신발이라는 뜻이다. 얇은 청동판을 금도금하여 이어
만든 것으로 신바닥 가장자리에는 두 줄의 구슬 무늬와
꼰 무늬 사이에 불꽃 무늬가 새겨져 있다. 바닥에는
원래 뾰족한 못을 징으로 박았으나 현재는 흔적만
남아 있다. 왼쪽 신발의 길이 32.0cm.

▲ **동물 무늬 은잔 : 경주 황남대총 북분.** 그릇 표면을
3단으로 나누어 아래위에는 꽃 무늬를 돌리고 가운데에는
거북 등 모양의 구획을 만들어 그 안에 노루·새·호랑이·뱀·말
등을 두드림 기법으로 돋새겨 주었다. 높이 3.6cm.

전통과 저력의 향촌 사회

서라벌은 신라의 거의 전부였다. 그러나 그것은 신라 사회가 만들어 내는 온갖 알짜배기들을 서라벌로 집중시켰기 때문에 가능했다. 서라벌을 화려한 국제 도시로 만든 원천은 삼국 시대 이래의 전통을 지키며 묵묵히 일하던 지방 농민의 저력에서 나왔다. 신라 민초들의 건강한 삶을 만나 보기로 하자.

마을 | 사해점촌의 인구 조사

서원경(지금의 청주) 근교의 사해점촌. 인구 150 명 안쪽의 한적한 마을이 갑자기 부산스러워졌다. 서원경에서 파견된 통계 담당 관리 공등(公等)이 촌주(村主)와 마을 사람들의 도움을 받아 방목장의 말 수를 세고 있다. 무슨 일일까?

무엇을 조사하나? ● 공등은 3년마다 한 번씩 전국적으로 시행하는 통계 조사를 실시하는 중이다. 이 조사에서는 마을 규모와 인구뿐 아니라 경작지와 가축, 과실수 등의 규모와 그 줄고 늘어난 상황까지 빠짐없이 기록하게 되어 있다.

조사 결과 이 마을의 둘레는 목초지가 있는 산림을 합쳐 5725보(步). 17만 호가 모여 산다는 왕경 서라벌이 1만 2186보인 것과 비교하면 꽤 넓은 편이다. 이제 말의 수만 세면 며칠 동안 계속되어 온 조사는 거의 끝나게 된다.

"…… 스물셋, 스물넷, 스물다섯! 3년 전보다 세 마리밖에 안 늘었네! 이거 혹시 촌주 어른이 어디로 빼돌리신 것 아닙니까?"

"예끼, 이 사람! 그나마 늘어난 게 어딘가? 기근이 들어서 몇 마리 잡아먹었으면 아예 날 잡아 가뒀겠구먼! 실없는 소리 말고 조사도 끝났으니 마을 사람들과 술이나 한잔 하세."

조사를 마친 공등과 촌주는 방목장이 있는 언덕에서 마을 한가운데 있는 촌주의 집으로 슬슬 걸어 내려간다.

왜 조사를 하나? ● 신라의 지방 행정 구역에서 기본이 되는 것은 촌(村)이다. 그중 하나인 사해점촌은 서원경의 직접 통제를 받는다.

공등이 조사 보고서를 작성하여 서원경의 장관인 사신(仕臣)에게 보고하면, 통계 결과는 행정과 세금 징수의 자료로 활용된다.

공등은 셈에 밝은 사람답게 이미 마음속으로 이 마을에서 거두어들일 세금의 변동폭에 대한 계산을 마쳤다. '사람 수는 일곱이 줄었지만 말과 소도 조금씩 늘어나고, 무엇보다 뽕나무가 90그루, 잣나무가 34그루, 호두나무가 38그루 늘어났겠다.…… 농산물의 1할을 거두는 조(租)나 부역 대신 현물로 내게 하는 용(庸)은 크게 달라질 것이 없겠지만, 누에고치나 잣 같은 특산물에 대해 매기는 조(調) 수입은 제법 쏠쏠하겠는걸!'

누에 치기 : 왕경에서 소비되는 대량의 비단은 촌락에서 생산된 명주실로 만들어진다. 누에를 쳐서 나오는 비단실은 모두 국가 소유이다.

방풍림 : 마을로 불어 오는 바람을 막기 위해 인공적으로 나무를 가꾸었다.

뽕밭 : 이곳에서 채취한 뽕잎으로 누에를 친다. 누에는 명주실의 재료가 되므로 뽕나무는 국가의 집중적인 관리 대상이다.

마을 광장 : 타작과 같은 공동 작업이나 마을 회의, 제사가 이루어지는 공간이다.

삼 가공 : 잘 쪄서 물에 불린 삼대의 껍질을 벗기고 있다. 이 껍질을 가늘게 쪼개서 이으면 삼실이 된다. 이 작업부터 베를 짜는 것까지 부녀자들의 일이다. 삼베는 옷과 이불 등 일상용품의 재료가 되기도 했지만, 다른 물건과 맞바꿀 수 있는 돈의 구실도 했고 국가에 바치는 세금이기도 했다.

삼밭 : 잘 자란 삼풀을 베어내고 있다. 삼은 1년생 풀로 일반 백성들의 주된 옷감인 삼베의 재료가 된다.

'삼국 통일'을 이룩한 후에 신라는 전국을 9주(州)로 나누었다. 주 아래에는 군과 현을 두었는데, 주 하나가 대체로 10여 개의 군을 거느리고 있었다. 주에 속한 촌들은 산성을 끼고 그 아래 언덕이나 평지에 자리잡고 있었다. 특별행정구역인 5소경은 685년(신문왕 5년)에 설치가 끝났다. 왕경을 본떠 방리제로 구획한 계획 도시들로 시가지 둘레에는 평지성을 쌓았다. 소경의 직속 촌들도 대부분 낮은 언덕을 배경으로 자리잡고 있었다. 이들은 한 곳에 집중적으로 형성된 대규모 촌이 아니라 여러곳에 분포되어 있는 소규모 촌이었다.

◉ 신라 촌락 문서와 쇼소인〔正倉院〕

1933년 일본 도다이지〔東大寺〕의 보물 창고인 쇼소인에서는 신라 승려 심상이 가져온 화엄경론의 책갑(冊匣)을 수리하고 있었다. 그때 화엄경을 싸고 있는 종이에 적혀 있는 신라 때 문서(사진)를 발견했다. 전에는 문서에 적힌 '을미년'을 백성에게 정전을 지급한 뒤인 755년이나 815년으로 보았으나, 최근에는 신라 승려 심상이 일본에 간 것으로 보이는 751년 이전인 695년이라고 보는 견해가 유력하다. 해서체 62행으로 된 이 문서는 신라 촌락의 경제 상황 및 국가의 지방 세무 행정을 파악할 수 있는 매우 중요한 자료로, '신라장적'이라고도 부른다.

한편 쇼소인은 세계에서 가장 많은 기록 문서와 유물을 보관하고 있는 곳으로 이름이 높으며, 그 가운데는 우리 나라에서 흘러들어간 문화재들도 적지 않다.

촌주 : 촌주는 사해점촌 같은 자연 촌락 몇 개를 대표하는 지역 유지이다. 국가는 그를 통해 노동력을 동원하고 세금을 거둔다.

과수원 : 국가는 과일나무의 숫자까지 일일이 파악하고 있었다. 과일들 역시 중요한 조세의 원천이었기 때문이다.

휴경지 : 모든 땅에 매년 농사를 지을 수 있는 것은 아니다. 지력 회복을 위해 일부 땅을 2~3년씩 놀려서 농사를 짓는 휴경 농법이 일반적이었다.

목장 : 소는 농사 지을 때 쓰기 위한 것이지만, 말은 국가 소유 또는 왕실 소유로 전쟁에 대비해 촌락에 사육을 맡긴 것이다.

수레 : 삼국 시대에 수레와 길이 발달한 것은 중앙으로 공납이나 세(稅)를 실어 나르기 위해서였다.

저수지 : 저습지 논농사를 위해서 필요한 물을 저장한 시설이다. 저수지 주변에서 삼품 가공을 하고 있다. 한쪽에서는 삼 줄기를 찌고 있고 한쪽에서는 물에 불리고 있다.

'토우와 생활' 전

"할배, 좀 웃어 보이소! 좋심니더. 찍어예!" 찰칵!
"아지매, 고개 쪼께 드이소! 하이고, 방뎅이 크네!" 찰칵!
여기 5～6세기 신라인의 밝고 유쾌한 세상살이를 꾸밈 없이
포착한 스냅 사진들이 있다. 촬영은 투박한 손길의 당대 토기
제작자들이 맡았고, 인화는 흙에다 했다.
그 사진의 이름은 토우(土偶). 그러나 '흙으로 빚은 인형'이라는
말뜻만으로는 그 생생한 표현력을 다 전달할 수 없다. 고구려에
고분벽화가 있다면 신라에는 토우가 있다. 고분벽화가 주로
왕이나 최고 귀족의 사후 세계를 장엄한 분위기로 장식한 데
비해, 신라 토우는 그리 높지 않은 귀족들의 무덤 속에서
익살스럽고 발랄하게 현실의 희로애락을 노래하고 있다.
누군가는 말했다. 신라 토우는 외래적 요소가 전혀 없는 우리네
삶의 원형을 보여 주며, 우리네 삶을 우리 방식으로 담은 이 토종 미술은
천년 후 단원 김홍도와 혜원 신윤복에 이르러서야 다시 살아난다고.

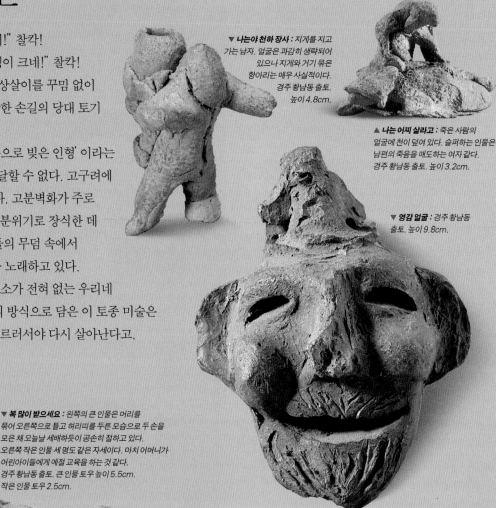

▼ **나는야 천하 장사** : 지게를 지고
가는 남자. 얼굴은 과감히 생략되어
있으나 지게와 거기 묶은
항아리는 매우 사실적이다.
경주 황남동 출토.
높이 4.8cm.

▲ **나는 어찌 살라고** : 죽은 사람의
얼굴에 천이 덮여 있다. 슬퍼하는 인물은
남편의 죽음을 애도하는 여자 같다.
경주 황남동 출토. 높이 3.2cm.

▼ **영감 얼굴** : 경주 황남동
출토. 높이 9.8cm.

▼ **복 많이 받으세요** : 왼쪽의 큰 인물은 머리를
묶어 오른쪽으로 틀고 허리띠를 두른 모습으로 두 손을
모은 채 오늘날 세배하듯이 공손히 절하고 있다.
오른쪽 작은 인물 세 명도 같은 자세이다. 마치 어머니가
어린아이들에게 예절 교육을 하는 것 같다.
경주 황남동 출토. 큰 인물토우 높이 5.5cm.
작은 인물토우 2.5cm.

▼ **노세 노세 젊어서 노세** : 세 젊은이가
편한 자세로 흥에 겨워하고 있다. 왼쪽 남자의
반쯤 풀린 듯한 눈이 재미있다.
경주 황남동 출토. 높이 10.6cm.

▶ **기도? 환호?** : 두 손을
모아 기도를 하는 걸까,
격구 시합에서 골을
넣어 좋아하는 걸까?
높이 9.2cm.

그 들 도 우 리 처 럼

기쁘면 웃고 슬프면 울고, 때가 되면 일하러 나가고
일을 마치면 맘껏 논다. 1500년 전 신라인이 우리와
다름없는 삶을 이어가고 있었다는, 어떻게 보면
뻔한 진리를 확인하는 것이 왜 이리도 즐겁고 놀라울까?
그것은 350여 점의 신라 토우가 너무도 솔직하고
노골적으로 그들의 천연덕스러운 삶의 찬미를 담아내고
있기 때문이다. 토우는 지금까지 주로 경주 미추왕릉
일대의 돌덧널무덤에서 집중적으로 발견되었다.
그것도 학문적인 정식 발굴 과정에서 나온 것이 아니라
경주역 건설 현장에서 흙을 파헤치다가 우연히
발견되었을 뿐이다. 어쩌면 경주 일대에서는 지금도
수많은 신라 토우가 훨씬 다채로운 삶의 모습을 간직한 채,
땅 밑에서 우리를 놀라 자빠지게 할 준비를 하고
있는지도 모른다.

◀ **뱀과 개구리**
경주 계림로 출토.
토우 장식 항아리의 일부.
뱀과 개구리는 함께
다산, 불로장생,
풍요, 재생을 상징한다.

▼ **멧돼지 사냥꾼** : 화살통과 활은
사실적으로 표현했으나
사람은 단순하게 만들어서 사냥한다는
인상을 강하게 준다. 굽나리 접시의
높이 20.3cm. 사냥꾼 8.8cm.

▲ **호랑이** : 몸통은
길고, 다리는
짧은 한국형 호랑이다.
경주 황남동 출토.
길이 8.6cm.

▶ **독수리** : 뾰족한
부리가 제법 사나운
놈임을 짐작하게 해준다.
경주 황남동 출토.
높이 5.0cm.

사 냥 꾼 의 노 래

자기 키보다 큰 활을 들고 팽팽하게 활시위를 당기고 있는
근육질의 사내 앞에서 신라인의 밥상에 오를 준비를 하고 있는 멧돼지.
토우로 묘사된 동물 가운데 두 번째로 많은 20여 점.
1위는 사냥꾼을 따라다니며 토사구팽(토끼 사냥이 끝나면
사냥개를 삶아먹는다)의 충성을 다하는 개로 멧돼지의 두 배.
목축과 사냥, 그리고 고기잡이라는 전통적인 생업을 중요하게
여겼던 신라인은 방대한 동물도감 항목을 가지고 있었다.
땅 위를 달리는 말·뱀과 개구리·토끼·호랑이·개미핥기·원숭이,
하늘을 나는 독수리·앵무새·호반새·너화·가마우지,
물 속을 누비는 가재·게·물개·불가사리·
말뚝망둥이······.
모르는 동물이 있다면 당신은 결코 신라인보다
진보한 사람이 아니다.

▶ **큰 가시두더지** : 몸통 전체에 심한
균열이 드러나 있다. 경주 황남동 출토.
길이 9.8cm.

▼ **소** : 머리는 작게, 뿔은
크고 날카롭게 묘사한 점이 특징이다.
경주 황남동 출토. 길이 5.3cm.

▶ **잉어** : 경주 황남동 출토.
깨알같이 새겨 넣은 무늬들이
앙증맞다. 길이 5.5cm.

아 름 다 운 신 라 인 의 성 (性)

어떤 학자는 생식 행위가 가진 '재생'이라는 상징 때문에 죽은 이가 내세에서 부활하기를 기원하며 남녀가 성교하는 장면을
토우로 표현했다고 말한다. 그런가 하면 어떤 학자는 순진무구하게 성생활의 즐거움을 표현한 것이라고 말한다. 당신이라면 어느 쪽
손을 들어 주겠는가? 두 가지 해석은 어쩌면 신라인에게는 구분되는 것이 아니었으리라. 어쨌든 이처럼 꾸밈없는 신라인의 삶을
감상하는 즐거움은 중국 토용을 그대로 베낀 7~8세기 신라 굴식돌방무덤의 토용에서는 더 이상 찾아볼 수 없게 된다.

◀ **성적 특징이 강조된 토우** : 유방이 크게
강조되고 성기도 눈에 띄게 묘사했다. 눈을
크게 뜨고 입도 크게 벌린 모습이 인상적이다.
경주 황남동 출토. 높이 6.8cm.

▶ **배를 타고 룰룰루** : 배를 타고
누운 남자가 세상 편한 자세로 하늘을
바라보며 오른손으로 성기를 잡고
있다. 경주 황남동 출토.
배의 길이 6.3cm.

▲ **부둥켜안고 랄랄라** : 남녀가 사랑을
나누는 방법은 신라 때와 지금이 다르지 않다.
경주 황남동 출토. 길이 4.2cm.

황룡사 9층 목탑 : 서라벌 어디에서나 보이는 왕경의 상징. 신라와 고려에 걸쳐 593년 동안 여섯 차례나 수리했을 만큼 보물로 여겼다.

한가위의 길쌈 잔치는 신라의 세 번째 임금인 유리왕 때부터 시작된 신라 최고의 전통 축제이다. "6부(部)를 두 편으로 나누고 왕녀 두 사람으로 하여금 각각 두 편의 여자들을 거느리게 했다. 그리고 7월 16일부터 매일 큰 부락의 광장에 모여 베 짜는 내기를 하는데, 을야(乙夜 : 밤 9시~11시)가 되어서야 하루를 마쳤다. 그러다가 8월 보름이 되면 어느 쪽이 더 많은 길쌈 결과물을 내놓았는지를 따져, 내기에 진 편이 술과 음식을 마련하여 이긴 편에게 대접했다"(『삼국사기』).

음력 8월 15일. 곳곳에서 추수감사제가 벌어지는 가운데 사해점촌에는 한 달 전부터 비상이 걸렸다. 서라벌 부녀자들의 길쌈 내기에 잘 기른 삼을 대량으로 공급해야 하기 때문이다. 허리를 못 펼 정도로 바빠도 얼굴에는 보름달이 뜬다. 모든 것이 풍족한 한가위니까!

일하는 모습이 아름다운 여성들 ● 서라벌에서는 길쌈 내기가 끝나면 모두들 모여 노래와 춤을 추며 온갖 놀이를 즐긴다. 내기에 진 편의 여자 한 명이 먼저 일어나 춤을 추며 "회소 회소"라고 노래를 부른다. 그 소리가 하도 애절하고 단아하여 후대 사람들이 그것을 노래를 지어 「회소곡(會蘇曲)」이라고 했다(『삼국사기』). 길쌈내기에서 음주가무에 이르는 이 축제의 전과정을 '가배(嘉俳)'라고 한다.

이 '가배'는 신라가 고대 국가로 발전하기 전부터 각 부족의 결속과 응집력을 다지기 위해 시행한 것이다. 그러던 것이 세월이 흐르고 6부가 해체된 뒤에는 풍요와 결실의 계절에 넉넉함을 나누는 풍속 행사로 발전해 갔다. 한 달의 가운데, 즉 보름을 뜻하는 '가배'는 이후 '가위'로 바뀌었고, 그중에서도 8월 15일은 큰 가위, 즉 '한가위'라고 불리게 되었다.

더도 말고 덜도 말라는 최고의 명절 한가위. 일하는 신라 여성들이 있어 이 명절이 더욱 아름답고 풍족하다.

어느 무능한 신라 남성 이야기 ● 신라인이 즐긴 명절로 또 하나 알려진 것이 설이다. 그런데 설날에 얽힌 이야기에서 우리는 참으로 무능했던 한 신라 남성을 발견하게 된다. 하필이면 열심히 일하는 여성들과 대비하여 여기 소개하게 된 불운의 사나이는 5세기 자비왕 때 서라벌 낭산 기슭에 살던 가난뱅이 음악가였다. 가난한 탓에 어찌나 누덕누덕 기운 옷을 입었던지 세상에서는 그를 두고 '백결 선생'이라고 불렀다. '가난하여 입은 옷이 갈가리 찢어진다'는 뜻의 '현순백결'이라는 옛 문구를 빌린 이름이다.

백결 선생은 이런 빈곤 속에서도 한 점 흔들림없이 오직 거문고만을 사랑하여 모든 희로애락을 거문고로 풀었다. 어느 해 세모(歲暮)에 집집마다 울려나오는 떡방아 소리를 듣고 부인이 한숨을 푹 내쉬며 "우리는 무엇으로 이번 설을 지냅니까?"라고 묻자, 선생은 거문고로 방앗공이 소리를 내어 위로했다. 그 곡조가 후세에 전하여 '대악(떡방아 음악)'으로 불리게 되었다.

글쎄, 음악에 대한 열정만은 존경스럽지만, 즐거운 설 명절에 거문고로 떡방아 소리만 흉내내고 있는 걸 그 부인은 곱게 받아수었을까?

나랏일을 맡은 여인 ● 여러 가지 이유가 있었지만 신라 여성은 고구려나 백제에 비해 많은 일을 했던 것 같다. 특히 여자가 왕위에 올라 나랏일을 돌본 것은 다른 나라에서는 좀처럼 찾아볼 수 없는 특별한 예이다.

7세기 진평왕의 공주 덕만은 아버지가 아들없이 죽자, 화백 회의의 추대를 받아 처녀의 몸으로 왕위에 올랐다. 부계·모계가 모두 왕족인 성골 중에 남자가 없었기 때문이다. 그가 우리 역사상 최초의 여왕인 선덕여왕(善德女王)이다.

그러자 당나라 태종이 모란 그림을 보내 왔는데 여왕은 이를 보고 향기 없는 꽃이라는 것을 바로 알아차렸다. 함께 보내 온 모란씨를 심어 꽃을 피워 보니 과연 향기가 없었다. 신하들이

물었다. "향기가 없는 꽃인 줄 어떻게 아셨습니까?" 그러자 여왕이 대답했다.

"꽃 그림에 나비가 없지 않느냐? 이는 남편 없는 여자인 나를 풍자한 것이다."

선덕여왕은 이처럼 뛰어난 통찰력을 바탕으로 당 태종을 비웃듯 최고 통치자의 역할을 훌륭하게 해냈다. 신라의 세 가지 보물 가운데 하나인 황룡사 9층 목탑을 세워 주변 나라에 대한 경계를 다졌는가 하면, 김유신과 김춘추 같은 훌륭한 신하들을 거느리고 '삼국 통일'의 기초도 닦았다.

선덕여왕이 끝내 처녀로 살다 자식 없이 죽자 이번에는 진덕여왕(眞德女王)이 즉위하여 선정을 펼쳤다. 그리고 뒤에는 진성이라는 또 한 명의 여왕이 나와 저무는 신라의 황혼을 지켜보았다.

이처럼 동아시아 사회의 불문율을 깨고 여자들이 맹활약한 것은 신라 사회가 여러 가지 한계에도 불구하고 천년을 이어갈 수 있었던 저력의 한 요소였다.

▶ **수줍은 신라 여인**: 한 손으로 살포시 입을 가린 수줍은 모습의 여인이 다른 한 손으로는 술병을 들고 있다. 혹시 길쌈 내기가 끝나고 한바탕 술판이 벌어졌을 때 노래를 부르던 여인은 아닐까? 경주 황성동 돌방무덤 출토. 7세기. 높이 16.5cm.

◉ 옷감 짜는 선도산 성모와 신라 여성

길쌈은 여성만이 하는 생산 활동이다. 이러한 여성의 생산 활동은 특히 왕실이 주관했으며, 신라 사회에서 신성한 행위로 여겨졌다.

박혁거세와 그 부인인 알영은 알에서 태어났는데, 신라인은 그 알을 낳은 어머니가 선도산의 성스러운 여인이라고 믿었다. 이 선도산 성모는 일찍이 하늘의 선녀들에게 비단을 짜게 하고 붉은 물감을 들여 관복을 만들어서는 그것을 남편에게 주었다고 한다. 즉, 신라인은 옷감을 짜고 옷을 만드는 여성의 일에 성스러운 기운이 깃들여 있다고 생각한 것이다. 해와 달이 없어지자 여성이 짠 직물로 하늘에 제사했더니 다시 나타났다는 전설, 진덕여왕이 손수 비단을 짜서 당나라 황제에게 선물로 주었다는 이야기는 옷감짜기가 성스럽고 고귀한 일로 여겨졌다는 것을 말해 준다. 이는 아울러 신라 사회에서 일하는 여성의 지위가 결코 낮지 않았음을 짐작하게 해준다.

불국토에 지다

"한국 불교의 원류를 알고 싶으면 경주 남산으로 가라"고 한다. 어디 남산뿐이랴! 신라인은 발길이 미치는 곳이면 어디나 화엄 불국토로 가꾸어 놓고 죽는 날까지 불심 속에서 숨쉬다 극락정토를 꿈꾸며 눈을 감았다. 불교가 탄생한 인도보다 더욱 불교적이었던 신라의 세계를 순례한다.

塔 | 불탑의 그늘에 사는 사람들

여기는 감은사. 2월 8일을 맞아 수많은 남녀가 탑돌이를 한다(신라에서는 2월 8일부터 15일까지 탑을 돌았다). 스님이 염불을 외며 앞서 돌면, 신도들이 따라 돌면서 소원을 빈다. 독경 소리와 불교 음악이 어우러지는 가운데 극락왕생을 빌기도 하고 아들을 점지해 달라고 빌기도 한다. 탑돌이를 하면서 짝을 찾는 청춘 남녀도 있다. 그 좋은 예가 김현(金現)이란 청년 이야기이다.

탑을 돌다 눈이 맞다 ● 8세기 원성왕 때 김현은 보름 동안 흥륜사 탑을 돌다가 마침내 한 처녀를 만나 사랑을 나누었다. 김현이 처녀의 뒤를 따라갔는데 알고 보니 처녀는 사람이 아닌 숲 속의 호랑이였다. 호랑이 처녀 왈, "제게는 성질 사나운 오빠가 셋 있어요. 하늘이 그중 한 마리를 죽이려 해서 제가 대신 죽겠다고 했답니다. 제가 내일 시장에서 사람들을 해칠 터이니, 나를 잡아 그 공으로 높은 벼슬에 오르십시오." 김현은 고개를 가로저었지만, 처녀는 낭군 옆에서 죽고 싶다고 간청하였다. 이튿날

석탑 : 동서로 마주 보는 쌍둥이탑으로 화강암 상하 2층 기단 위에 3층으로 쌓았다. 각 부분이 수십 개의 돌로 조립되고 아래 기단은 12장의 석재로 구성하였다. 기단 양쪽에 우주가 있고 탱주가 2주씩 있다. 현재 높이는 13.4m.

금당 : 불상을 모시는 곳. 안으로 들어가면 계단 밑으로 용이 된 문무왕이 드나들 수 있는 공간을 만들어 놓았다.

과연 호랑이가 시장에 나타나 사람들을 해치자, 나라에서는 큰 현상금을 걸었다. 김현이 숲으로 가자 처녀가 나와 스스로 칼을 빼어 목을 찔러 죽은 뒤 호랑이로 변했다. 김현은 호랑이 덕에 높은 벼슬을 얻은 뒤 호원사(虎願寺)란 절을 지어 호랑이의 명복을 빌었다(『수이전』).

최고의 사찰을 짓기 위하여 ● 감은사 탑을 도는 사람들 가운데는 김대성도 있었다. 사냥을 좋아했던 그는 어느 날 사냥을 나갔다가 곰 한 마리를 죽였다. 그날 밤 꿈에 곰이 귀신이 되어 나타났다. "네 이놈! 전생에 무슨 악연이 있다고 나를 죽였느냐? 너를 잡아먹어야겠다!"

대성은 겁을 집어먹고 용서해 달라고 빌었다. 그러자 귀신은 자신을 위해 절을 세워 달라고 했다. 대성은 손이 발이 되도록 빌면서 그렇게 하겠다고 약속했다. 꿈을 깨보니 땀으로 자리가 흠뻑 젖어 있었다. 대성은 사냥을 중단하고 더욱 불심을 닦기로 결심했다. '절을 세우리라. 곰뿐만 아니라 전생의 부모와 현생의 부모를 위하여 최고의 절을 세우리라. 서라벌에 불국 정토를 구현하리라』(『삼국유사』).

김대성은 전국의 사찰을 돌면서 새로운 절을 짓기 위한 구상을 하게 될 것이다. 이제부터 그의 뒤를 따라 신라인의 불교 세계를 체험해 보자.

▲ **황룡사 복원 모형 :** 고려 때 무신 이의민은 반란을 일으키기 전날 밤 황룡사 9층 목탑에 오르는 꿈을 꾸었다고 한다. 이 탑이 고려 때까지도 국가 권력과 관련하여 큰 상징성을 가지고 있었던 것이다. '통일' 이전에 축조된 황룡사의 모습은 요즘 절과는 상당히 다르다. 거대하고 아름다운 탑이 오른쪽에 보이는 금당(대웅전)을 가리고 우뚝 서 있는 것이다. '1 금당 1 탑'을 특징으로 하는 이 시기의 절에서는 탑이 금당의 불상보다 더 중요한 예배의 대상이었다.

탑은 절의 첫인상 ● 어느 절에서나 탑은 첫 눈에 띄는 상징적인 조형물이다. 황룡사 9층 목탑은 절 하나의 상징을 넘어 서라벌 어느 곳에서나 이정표 역할을 하는 왕경 전체의 상징이었다. 백제에 사원 건축의 귀재 아비지가 있었다면 신라에는 불교 조각에 관한 한 신의 손을 자랑하는 양지가 있었다.

『삼국유사』에 따르면 양지는 기예에 통달하여 그 신묘함이 비길 데가 없었으며, 전탑(벽돌 탑)과 기와를 만들고 벽돌에 3천의 부처를 새겨 절 안에 모셨다. 그가 창건했다는 경주의 석장사 터에서는 돌에 새겨 넣은 연기법송(緣起法頌)의 글씨와 불탑·불상이 새겨진 전탑 벽돌 190여 점이 출토되었다. 양지가 단지 전설적인 인물만은 아니었다는 것이 증명된 셈이다.

감은사와 황룡사를 돌아보는 김대성의 눈이 아름다운 탑을 만들어 줄 '제2의 양지'를 찾아 바쁘게 돌아가고 있다.

많은 무리의 사람들이 국가의 안녕과 개인적인 복을 기원하면서 탑돌이를 하고 있다. 불법에 귀의한다는 뜻을 담은 기도문을 제창한 뒤 '10바라밀다 정진도'를 그리며 탑을 돌게 되는데, 그 첫 번째는 왼쪽에서 오른쪽으로 둥근 달을 그리며 도는 '보시(布施)'이다. 한편, 감은사에서는 불상을 모신 금당이 절의 중심에 놓이고, 탑은 금당을 가리지 않도록 규모를 작게 했다. '삼국 통일' 전의 황룡사(위 사진 설명)와 대비되는 이러한 변화는 탑보다 불상이 더 중요한 예배의 대상이 되기 시작했음을 보여준다.

▲ **신라 세공 기술의 극치를 보여 주는 감은사 동탑 사리장엄 내함 :** 1996년 감은사 동쪽 탑을 해체하던 중 3층 탑신석에서 신라 사리장엄이 발견되었다. 사리장엄은 탑에 들어가는 중요한 부속물로 부처님의 사리를 보관하는 역할을 한다. 내함과 외함으로 이루어진 이 사리장엄의 정교함은 1959년 서쪽 탑에서 발견된 금동 사리장엄(보물 366호)을 앞서는 것으로 평가된다

서라벌 북천(北川)가에 자리잡은 봉덕사. 선왕인 성덕왕의 공덕을 기리는 범종(梵鐘)을 만드는 작업이 한창 진행중이다. 왕실과 김대성을 비롯한 많은 신라인이 희사한 10만여 근의 구리가 절 마당에 산처럼 쌓여 있고, 거의 완성된 거대한 거푸집 옆에서는 당대의 문장가인 한림랑 김필월이 종에 새겨 넣을 명문(銘文)을 구상하고 있다. 지상에서 가장 아름다운 종을 만들겠다는 사람들의 집념 때문인지 공사 기간이 길어지면서 구설수도 많았다. 심지어는 종의 소리를 맑게 하기 위해 어떤 사람이 아기를 시주하여 거푸집에 구리를 부을 때 함께 넣도록 했다는 해괴한 소문까지 나돌았다.

누구를 위하여 종은 울리나 ● 신라인은 종소리를 듣는 순간만이라도 번뇌로부터 벗어날 수 있다고 믿었다. 그래서 김필월은 명문의 서두를 이렇게 시작했다. "무릇 심오한 진리는 눈에 보이는 것 이외의 것도 포함하나니……."

실제로 훗날 완성된 성덕대왕 신종은 정말 아기가 "에밀레 에밀레" 하고 우는 듯한 소리로 애끓는 감정을 불러일으켰다. 진짜 아이를 넣은 걸까?

1998년 이 종의 성분을 정밀 분석한 결과 사람 뼈에 들어 있는 인(P) 성분은 거의 검출되지 않았다. 따라서 아기를 넣었다는 전설은 그야말로 전설이 되었다. 그러나 성덕대왕 신종의 소리 품질은 일본 NHK가 세계의 종소리를 비교하여 최고의 평가를 내릴 만큼 국제적으로 공인받고 있다. 한 연구에 따르면 대부분의 종은 주파수가 160Hz 정도인 데 비해 성덕대왕 신종은 무려 477Hz에 이른다고 한다.

종은 무엇으로 만드나 ● 고대 중국에서는 불교가 도입되기 훨씬 전부터 종을 사용했다. 이때 종은 박·정 같은 악기와 함께 제사에 쓰이는 중요한 악기였다. 그것이 후에 시각을 알리는 시종(時鐘)으로 바뀌고, 불교가 융성하면서 중생을 구제하는 종교적 기능을 갖게 되었다. 종은 경우에 따라 돌로 만들기도 하지만 구리를 사용하여 만드는 동종(銅鐘)이 대부분이다. 성덕대왕 신종에는 구리 12만 근(18.9톤), 저 유명한 황룡사 종(지금은 남아 있지 않음)에

음관(音管)
천판(天板)

종명(鐘銘) : 두 곳에 모두 1037자의 글이 대칭으로 새겨져 있다. "신라 35대 경덕왕이 그의 아버지 33대 성덕왕의 명복을 빌기 위하여 큰 종을 만들고자 하였으나 뜻을 이루지 못하고 죽자, 그의 아들 혜공왕이 뒤를 이어 771년에 구리 12만 근(18.9 톤)을 들여 완성하고 성덕대왕 신종이라 불렀다." 그 밖에 당시 정계의 실력자들을 포함하여 종을 만든 사람(주종대박사 박종일 등), 글쓴이(김필월) 등의 이름이 적혀 있어 신라사를 연구하는 데 좋은 자료가 된다.

▲ **공양 천인상** : 종명(종에 새겨진 글씨)을 사이에 두고 양쪽에 두 명씩, 모두 네 명의 천인(天人)이 무릎을 꿇은 채 공양을 올리고 있다. 그들이 천의(天衣)를 휘날리며 날아 내려오는 모습이기 때문에 비천(飛天)이라고도 한다. 그들 주위로는 보상화(寶相華)가 구름처럼 피어오르고 있다. 각각 102cm×61cm.

▲ **성덕대왕 신종** : 우리 나라에 남아 있는 종 가운데 가장 큰 것으로 높이 336cm, 입지름 227cm, 두께 2.4cm, 무게는 18.9톤에 이른다. 에밀레종이라고도 하고 봉덕사(奉德寺)에 달았기 때문에 봉덕사 종이라고도 한다. 771년(혜공왕 7년)에 완성했다. 그 후 북천가의 홍수로 봉덕사가 없어지자 노천에서 아이들의 발에 차이고 쇠뿔에 받히는 신세가 된 것을 1460년(세조 6년) 영묘사에 옮겨 걸었다. 지금의 봉황대 옆에 종각을 짓고 보존하다가 1915년 경주박물관으로 옮겼다. 국보 29호. 국내에 남아 있는 가장 오랜 범종은 오대산 상원사 동종(銅鐘)이다.

● 종머리 : 종 위에는 웅건한 모습의 용(龍)이 음관을 감고 있다. 최근 두 개의 소리가 서로 간섭해 강약을 반복하는 맥놀이 현상 때문에 신비한 종소리를 낸다는 사실이 밝혀졌다.

견대(肩帶:어깨 띠) : 여덟 가지 음(八音)을 상징하는 여덟 송이의 연꽃 무늬가 있다. 이 연꽃은 보상화라고도 하는데, 이는 극락정토에 피는 상상의 꽃이다.

● 종견(鍾肩:종 어깨) : 네 곳에 대칭으로 네모꼴의 유곽(乳廓)이 있다. 유곽 안에는 각각 9개씩 모두 36개의 연꽃을 새겨 넣었다. 그리고 종을 치는 부분인 당좌가 유곽과 대칭을 이루고 있다. 36개의 연꽃은 36명의 좋은 신을 상징한다.

─── 종유(鍾乳)

─── 유곽(乳廓)

─── 공양 천인상

─── 하대(下帶)

종구(鍾口:종의 입) : 입 둘레가 여덟 부분으로 나뉜 '8능(稜)형'으로 되어 있고, 능마다 당좌(撞座:종 치는 부위)와 비슷하게 섬세한 연꽃 무늬를 수놓고 있다. 이러한 8능형은 중국 종의 형식으로 상원사 동종 같은 다른 신라 종에서는 볼 수 없다. 지름 222.7cm.

▲ 당좌(撞座) : 종을 치는 자리에 연꽃 모양의 표시를 해놓았다. 이러한 당좌는 모두 두 개 있다.

는 구리 49만 근이 들었다. 이처럼 구리를 쓰는 것은 소리의 질을 높이기 위해서인데, 오래도록 제 소리를 내는 단단한 종을 만들려면 주석을 적당히 섞어야 한다. 우리 나라에 남아 있는 종 가운데 가장 오래된 오대산 상원사 동종(국보 36호)은 구리 83.87%에 주석 13.26%, 납 2.12%를 넣어서 만들었다. 실제로 주석이 15% 정도 함유되었을 때가 종의 강도와 경도(硬度)가 가장 알맞다고 한다.

이렇게 만든 종은 표면에 치는 자리를 만들고는 당목(撞木)으로 쳐서 소리를 내는데, 이것이 종 안쪽에 추를 매달고는 종 전체를 흔들어 소리를 내게 되어 있는 서양 종과 다른 점이다.

종의 백미, 신라 종
● 우리 나라의 범종은 세계적으로도 '한국 종'이라는 학명(學名)으로 불릴 만큼 독보적이다. 지금까지 남아 있는 한국 종 가운데 일본으로 반출되어 그곳에서 국보로 지정된 것만 해도 20여 개나 된다. 독일의 저명한 고고학자 켄멜은 성덕대왕 신종을 보고 "한국 제일의 종이 아니라 세계 제일의 종"이라고 감탄했다.

이처럼 정평이 난 한국 종의 양식을 확립한 사람들이 바로 신라인이다. 신라 종은 산처럼 크고 우람하지만 조화와 균형을 이룬 몸매를 지니고 있다. 종소리 또한 맑고 거룩하여 그 긴 여운이 은은하게 영원으로 이어지는 듯하다.

몸통뿐만 아니라 종을 매다는 고리로 사용되는 용 조각도 독특하다. 두 마리가 아닌 한 마리 용이 생동감 있는 자세로 허리를 구부린 모양은 다른 나라 종에서 찾아볼 수 없다. 그런데 이 용의 진짜 특징은 그 겉모습에 있지 않다. 중국 종은 용 내부가 뚫려 있지 않은 단순한 고리지만, 신라 범종은 용 내부를 파이프처럼 관통하여 종의 몸통 속과 연결시키고 있다. 용통(甬筒) 또는 음관(音管)이라고도 하는 이것이야말로 신라 종의 탁월한 점이다. 바로 이 음관 때문에 신라 종은 다른 종이 흉내낼 수 없는 아름다운 소리를 낼 수 있기 때문이다.

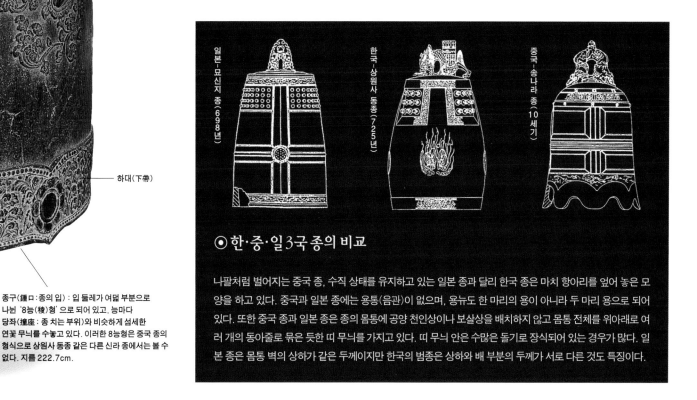

일본-묘신지 종(698년)

한국-상원사 동종(725년)

중국-송나라 종(10세기)

◉ 한·중·일 3국 종의 비교

나팔처럼 벌어지는 중국 종, 수직 상태를 유지하고 있는 일본 종과 달리 한국 종은 마치 항아리를 엎어 놓은 모양을 하고 있다. 중국과 일본 종에는 용통(음관)이 없으며, 용뉴도 한 마리의 용이 아니라 두 마리 용으로 되어 있다. 또한 중국 종과 일본 종은 종의 몸통에 공양 천인상이나 보살상을 배치하지 않고 몸통 전체를 위아래로 여러 개의 동아줄로 묶은 듯한 띠 무늬를 가지고 있다. 띠 무늬 안은 수많은 돌기로 장식되어 있는 경우가 많다. 일본 종은 몸통 벽의 상하가 같은 두께이지만 한국의 범종은 상하와 배 부분의 두께가 서로 다른 것도 특징이다.

▲ **8세기의 부처** : 경주 백률사 금동약사여래 입상.
약사여래는 신체의 질병뿐 아니라 무지(無知)라는
병까지 고쳐 주는 만병통치의 부처이다.
흔히 손에 약단지를 들고 있어 쉽게 알아볼 수 있다.
'위대한 의사 부처님'이라는 뜻의
'대의왕불(大醫王佛)'로도 불린다. 약사여래에 대한
신앙은 석가 · 미륵 · 관음 신앙에 비해서는 미약한
편이었다. 그러나 중국에서는 수나라 · 당나라 때,
우리 나라에서는 '통일신라' 때비교적 약사여래 신앙이
유행한 편이다. 8세기 후반. 높이 179cm. 국보 28호.

김대성은 현생의 부모를 위해 토함산의 불국사
를 다시 크게 짓고 전생의 부모를 위해서는 인
도와 둔황의 석굴을 닮은 석불사를 짓겠다고 결
정했다. 그리고 두 가람의 주인으로 모실 불상
의 모습을 구상코자 전국을 순례했다. 그 과정
에서 그는 새삼 깨달았다. 신라인이 참으로 다
양한 부처와 보살을 모시고 있다는 것을.

석가를 찾아서 ● 황룡사 금동장육상의 재료
가 인도에서 왔다는 전설도 있듯이, 석가가 살
았던 인도는 신라인에게 심리적으로 아주 가까
운 나라였다. 많은 신라 고승이 성지인 인도를
향해 순례를 떠났다. 『왕오천축국전('인도의 다
섯 나라를 돌아보고')』이라는 기행문을 쓰고 중국
에 머물고 있는 혜초도 그중 한 명이다.

석가는 예수처럼 절대적인 존재는 아니지만
불교의 창시자이며 부처의 원조이다. 김대성은
할 수만 있다면 살아 있을 때의 석가의 모습을
최대한 살린 불상을 불국사에 모시고 싶었다.
그래서 석가의 행적을 돌아보고 두루 스님들을
만나 그들의 이야기에 귀를 기울였다. 석가상이
바로 서야 불국토도 바로 설 것이기에.

▲ **동판에 새긴 삼존불** : 안압지 출토. 세 인물의 완벽한
배치, 생기발랄한 신체 조형, 고도로 발달한 주조 기술 등
8세기 초 신라 조각의 대표작이다. 높이 27cm.

별처럼 많은 부처 ● 그런데 부처 중에는 석
가불만 있는 것이 아니다. 미륵불도 있고 아미
타불, 약사불, 비로자나불 등 많은 부처가 있다.
그것은 신라에 들어온 대승 불교 때문이다.

처음에는 석가만이 부처, 곧 '깨달은 자'였다.
다른 사람들은 승려가 되어 수양을 닦아서 '아
라한'('나한'이라고도 한다)이라는 현자가 되는
게 최고의 목표였다. 이에 반해 대승 불교는 이
를 다르게 보고 누구나 도를 깨치면 부처가 될
수 있다고 주장했다. 심지어 중국에서 시작된
천태종이라는 대승 불교 종단은 "나무와 풀도
부처가 될 수 있다"는 주장을 펼쳤다.

육계(肉界)
백호
광배
(光背)

나발(螺髮)

상대석

중대석

하대석

대좌
(臺座)

▲ **경주 남산 삼릉계곡 출토 석조 약사여래 좌상**

◉ 불상 ABC

불상에는 부처의 초인간적 속성을 나타내기 위한
장치가 몇 가지 있다.

불상 뒤에는 부처의 진리와 지혜의 무한한 빛을
상징하는 '광배'를 놓는다. 머리 위에는 신비로운
혹인 '육계'를 두고, 머리카락은 소라처럼 말려진
'나발' 모양이며, 귀는 길고 두 눈썹 사이에는 지
혜의 빛을 내보내 온누리를 밝혔다는 '백호(하얀
털)'가 나 있다. 불상은 보살상 · 천왕상 등과 달리
부속물이나 장식이 없는 단순한 수행자 복장을 함
으로써 세속을 초월한 지고함을 보여 준다. 불상
이 앉는 '대좌'에는 대개 우주를 상징하는 연꽃을
새긴다. 연꽃 위의 부처는 세계의 정신적인 통치
자이자 절대자를 상징한다. 또 통치자 · 승리자의
상징인 사자를 새기는 경우도 있다.

대승 불교의 이러한 주장은 개인의 깨달음보다는 대중의 교화를 중요하게 여기는 이념에서 나온 것이다. 그리하여 사람들은 우리가 보듯 별처럼 많은 종류의 불상을 만들어 내게 되었다.

멋쟁이 보살 – 인간을 위해 부처 되기를 미룬 자 ●

불상은 혼자 있기도 하지만 양쪽 옆에 불상을 하나씩 끼고 있을 때도 많다. 이들은 엄밀하게 따지면 불상이 아니라 보살상이다. 불상은 '부처의 상'을 뜻하기 때문이다.

이들 보살상은 화려한 옷에 머리 장식, 구슬 장식 등을 하고 있어서 아무 장식도 없는 간결한 옷차림의 불상과 금방 구별된다. 또 보살상은 손에 연꽃이나 병, 구슬 따위를 들고 있는 경우가 많다.

이 멋쟁이 보살은 누구인가? 원래는 부처가 되기 전에 수행을 하던 석가, 곧 고타마 싯다르타를 가리켰다. 그러나 대승 불교에서는 이 세상에 많은 부처가 있듯이 또한 많은 보살이 시공을 초월하여 존재한다고 생각했다. 이때 보살은 중생을 구제하기 위해 부처가 되는 것을 포기하거나 뒤로 미룬 존재이다. 따라서 부처보다 인간에 가까운 보살은 대승 불교의 이상을 잘 표현한 존재라 할 수 있다.

두 보살이 부처 옆에 도열한 것을 '삼존불'이라고 한다. 삼존불 속의 보살은 부처를 도와 중생을 구제하는 역할을 한다. 그래서 우리는 석가불이 문수보살·보현보살, 아미타불이 관음보살·대세지보살, 약사불이 일광보살·월광보살을 끼고 있는 삼존불을 흔히 볼 수 있다.

어느 불상이 더 인기를 끌었나 ●

삼국간 쟁탈전이 치열하던 때에는 미륵이 큰 인기를 끌었다. 백제의 무왕은 미륵불이 내려올 자리로 미륵사를 지었고, 김유신은 미륵보살을 따르는 화랑도들을 이끌었다.

8세기에는 무량수불로도 불리는 아미타불의 시대가 열렸다. 이 무렵 유행하기 시작한 '정토신앙'에서는 보통 사람노 서방 극락성토에 있는 아미타불과 그의 조수인 관음보살만 열심히 외면 극락에 갈 수 있다고 했다. 바야흐로 신라의 방방곡곡은 "나무아미타불('아미타불에 귀의합니다')"이라는 기도로 가득 차기 시작했다.

8세기 후반에는 비로자나불이라는 부처가 나타났다. 일찍이 의상 대사가 중국에서 들여온 화엄종에서 주된 숭배 대상으로 삼는 부처이다. 깨달음을 얻은 석가모니의 드넓은 지혜를 형상화한 비로자나불은 연꽃 가득한 연화장 세계에 살면서 이 세상을 밝은 빛으로 가득 비춘다고 한다. 그 세상이 바로 '화엄 세계'이다.

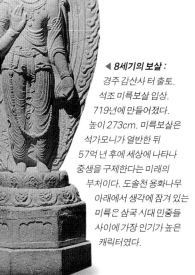

◀ **8세기의 보살** : 경주 감산사 터 출토. 석조 미륵보살 입상. 719년에 만들어졌다. 높이 273cm. 미륵보살은 석가모니가 열반한 뒤 57억 년 후에 세상에 나타나 중생을 구제한다는 미래의 부처이다. 도솔천 용화나무 아래에서 생각에 잠겨 있는 미륵은 삼국·시대 민중들 사이에 가장 인기가 높은 캐릭터였다.

▼ **9세기의 부처와 보살** : 경주 남산 삼릉 계곡의 제3절터에 자리잡은 선각 석가삼존불 입상(동쪽)과 선각 아미타삼존불 좌상(서쪽). 서쪽 바위면은 너비 3.58m, 높이 4m이고, 동쪽 바위면은 너비 7.27m, 높이 4m. 지방 유형문화재 21호. 서쪽의 아미타여래는 서 있는 반면 동쪽의 석가여래는 앉아 있다. 아미타는 서쪽 극락정토에 있는 부처이고 석가는 이 세상에서 열반에 이른, 모든 부처의 원조이다. 둘을 한 자리에 그린 것은 아미타 부처가 해탈에 이른 생명을 극락으로 데려가고자 이승의 석가 부처에게 양해를 구하는 모습을 표현하기 위해서라고 한다.

▲ **뼈항아리** : 8세기 화장한 유골을 담던 용기. '통일신라' 초기에는 일상 생활에서 쓰던 토기를 그대로 사용하다가 중기부터는 사진과 같이 뚜껑과 몸통을 붙들어매는 고리도 달고 화려한 무늬를 새겨 넣기 시작했다. 그러나 후기에 이르면 무늬 없는 뼈항아리로 퇴화하게 된다. 일반적인 뼈항아리 외에도 탑 모양이나 집 모양 뼈항아리, 당나라의 삼채나 청자 항아리를 이용한 뼈항아리처럼 이채로운 것도 있다. 이러한 뼈항아리를 담은 화강석 함은 사각형과 원통형 두 가지가 있다. 안에 들어 있는 뼈항아리는 높이 31.5cm. 바깥의 뼈항아리는 뚜껑을 합친 높이 37cm.

김대성은 불국사의 완성을 보지 못하고 죽었다. 장례식에서 그의 미망인은 죽은 남편을 떠나보내는 구슬픈 향가를 부른다.

> 달님이시여 이제
> 서방까지 가시어서
> 무량수 부처님 앞에
> 말씀 이르시다가 사뢰어 주소서.
> 다짐 깊으신 부처님께 우러러
> 두 손 모두옵고
> 원왕생 원왕생
> 그리워하는 사람이 있음을
> 사뢰어 주소서.
> 아! 이 몸 버려 두고
> 사십팔 대원(大願)이 이룩될까 저어라.
>
> —광덕의 처, 「원왕생가」

슬픔만이 아닌 장례식 ● 유가족이 장례 준비로 바쁜 가운데 왕실에서는 옷감과 곡식, 노래하고 춤추는 악인(樂人)들을 보내 주었다. 장례식에 웬 노래와 춤일까?

신라인의 장례는 슬픔의 곡소리만 가득한 청승맞은 행사가 아니다. 김유신의 장례식 때는 온갖 악기를 연주하며 행렬하는 사람들이 100여 명이 넘어 대단한 구경거리를 제공했다. 여러 악기의 반주에 맞추어 춤과 재담이 오가며 인간의 탄생을 설명하는 일종의 가무극도 벌인다.

죽음은 곧 탄생과 연결되고, 죽음의 슬픔은 동시에 또 다른 탄생의 축복이기도 해야 한다는 신라인의 세계관이 여기 담겨 있다.

자연 친화적 장례식 ● 불제자 김대성의 시신은 불교식으로 화장(火葬)되었다.

불교가 수용되기 전에는 사후에도 현세와 같은 생활이 계속 이어진다고 생각했기 때문에 육신을 무덤 속에 그대로 안치하고 껴묻거리를 많이 넣어 주었다. 화려한 금관과 각종 제사 용기들을 함께 묻은 5~6세기의 돌무지덧널무덤이

▲ **가까이에서 본 문무왕 해중릉** : 문무왕의 뜻을 따라 그 시신을 "동해 가운데 있는 커다란 돌에 장례 지냈다"(『삼국사기』)는 대왕바위의 가운데 부분이다. 한 조사에 따르면 이곳의 수심은 1.5m, 물 밑에 있는 바위의 무게는 20톤 정도. 신라인은 문무왕을 물에서 화장한 뒤 그 뼛가루를 이곳에 뿌렸고, 문무왕은 동해의 용으로 부활하여 왜구로부터 국토를 지켰다는 것이다.

대표적인 경우이다.

그러나 불교가 들어온 이후, 육신을 신성한 불로 정화하여 현세에서의 악업을 씻어 버리고자 화장을 선택하는 사람들이 많아졌다. '삼국통일'의 위대한 과업을 이룬 군주 문무왕도 자신의 몸을 화장했고, 효성왕 역시 화장을 함으로써 현세에서의 죄 많은 육신을 버리고 다음 생애에서 더 나은 삶을 살기를 기원했다.

김대성의 육신은 불에 타 한줌의 재가 되어 뼈항아리에 담긴 다음 무덤에 안치되었다.

이것이 또 하나의 전생이 아니기를 ● 인간의 삶과 죽음은 피할 수 없는 운명이며, 이 삶과 죽음을 되풀이하는 것을 윤회(輪廻)라고 한다. 따라서 한번 죽은 인간은 다시 태어나는데, 이때 지난 삶을 어떻게 살았는가에 따라 다음 삶의 조건이 결정된다.

나아가 이러한 윤회의 고통에서 벗어나 삶과 죽음을 초월하는 것을 '해탈'이라고 한다. 해탈하게 되면 아미타불이 있는 극락 세계에서 영원히 산다고 한다. 큰스님 원효는 승려의 길을 가지 않아도 '나무아미타불'을 외고 공덕을 쌓으면 신분의 귀천에 관계없이 모든 중생이 서방의 극락정토로 갈 수 있다고 가르쳤다.

불제자 김대성은 과연 이번에 윤회의 고리를 끊고 극락정토에 갈 수 있을까? 김대성의 가족들은 그의 생애가 또 다른 누군가의 삶의 전생이 되지 않고 극락에서 영생하기를 간절히 빈다. 이때 죽은 이를 떠나 보내는 향가가 울려 퍼진다. 이제 우리도 또 한 편의 빼어난 신라 향가인 월명사의 「제망매가」(죽은 누이를 떠나 보내는 노래)를 함께 부르며 김대성에게 작별을 고하기로 하자.

삶과 죽음의 갈림길이
여기 있으매 두려워지고
"나는 가노라"는 말도
못다 이르고 갑니까?
어느 가을 이른 바람에
여기저기 떨어질 나뭇잎같이
한 가지에 나고
가는 곳 모르누나.
아, 미타찰에서 만날 나는
도를 닦으며 기다리련다.

⊙ 죽은 이를 묻는 여러 가지 방법

처음에는 주로 '널무덤'과 '덧널무덤'에 묻었다. 널은 관(棺)을 뜻하는 우리말이며, 널무덤은 땅을 판 구덩이에 시체담은 관을 바로 묻는 것을 말한다. 그 다음에 등장하는 덧널무덤은 땅을 파고 그 안에 돌이나 나무로 작은 곽('덧널')을 만든 다음, 그 속에 관을 넣고 덧널 위에 흙을 덮는다. 토우가 주로 발견되는 무덤이 바로 덧널무덤이다.

경주 지역의 덧널무덤은 '돌무지덧널무덤'의 등장으로 자취를 감춘다. 이 새로운 무덤은 적석목관분이라고도 하는데, 덧널 위에 거대한 돌무지를 쌓아올리는 방식이다. 경주 황남동, 노동동, 노서동 등 평지에 집중 분포해 있는 돌무지덧널무덤은 고구려나 백제에서는 볼 수 없는 신라의 독특한 무덤이다. 왕족의 무덤인 돌무지덧널무덤에는 순장자가 무덤 주인과 함께 묻혔을 것으로 여겨진다.

신라가 고대 국가 체제를 완성하는 6세기 중반에 이르면 고구려·백제 왕족의 무덤인 '돌방무덤'이 등장한다. 돌을 쌓아 출입구가 있는 방을 만들고 그 안에 관을 모시는 방식이다. 이것은 중국과 고구려, 신라의 다양한 문물을 수용한 결과이다. 또한 이 무덤에는 순장자 대신 토용을 만들어 묻었다.

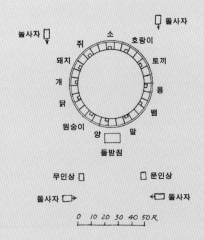

◀ ▲ **돌방무덤을 지키는 12지신상** : 8세기 김유신 묘를 둘러 싼 12지신상 중 돼지. 높이 40cm. 위는 12지신상의 배치도. 김유신 묘는 동아시아의 보편적인 지배 계층의 무덤인 돌방무덤으로 웬만한 왕릉 뺨치는 규모를 자랑한다.

▲ **신라 특유의 무덤인 황남대총** : 5~6세기. 경주시 황남동 미추왕릉 지구 고분 공원. 두 개의 봉분이 서로 붙은 돌무지덧널무덤으로 남북 봉분의 높이가 23m, 22m에 이르는 신라 최대의 무덤이다. 남분(남쪽 봉분)에서는 60세 전후의 남자 유골과 순장된 것으로 보이는 20대 여자의 유골 일부가 발견되었다.

특 별 전 시 실
1

SPECIAL
EXHIBITION

신라의 이상향을 찾아서

불국사 (佛國寺)

여기 우리는 인간의 나라와 부처의 나라를 가르는 경계선에 섰다.

눈앞에 보이는 연못을 건너 청운교와 백운교를 올라가면 속세를 떠나 석가모니 부처의 세계로 들어가는 자하문이 기다리고 있다. 자하문을 떠받치고 있는 석단은 그 세계의 높이를 상징함과 동시에 반석 같은 굳셈을 상징하는 것이기도 하다. 이곳은 토함산 서쪽 중턱 경사진 곳에 자리잡은 불국사. 이름 그대로 '부처의 나라'를 표현한 절이다. 그래서 저 높은 하늘의 불국토를 상징하고자 이층 누각의 형태로 건물을 지었다. 정토 건축으로 불리는 이런 건축 양식은 인도나 중국에서도 보인다. 그러나 불심에서 어느 누구에게도 뒤지지 않는 신라인이 남의 것을 모방하기만 했을 리 없다. 그들은 오랜 석조 문화의 전통을 바탕으로 화강암을 깎고 다듬은 다음 이것을 목조 건축과 한데 어우러지도록 했다.

그리하여 한 건물에서 석조 건축과 목조 건축이 독특하게 결합된 신라만의 화려하면서도 장엄한 건축이 탄생했다.

신라 장인들은 반평생인 30여 년의 세월을 여기에 바쳤고, 창건자 김대성도 그 완성을 보지 못하고 죽었다.

이제 발걸음을 옮겨 연못을 건너자. 이 땅에 옮겨 놓은 신라인의 이상 세계가 우리를 기다리고 있을 것이다.

안양문 : 아미타불의 극락 세계로
들어가는 문. '안양'은 아미타불의 세계
인 '극락'의 다른 이름이다.

칠보교 · 연화교 : 청운교 · 백운교(아래)와
모습이 비슷하지만 경사가 완만하다.
창건 당시 많은 사람들이 오르내리며 극락왕생을
기원했다고 한다. 국보 22호.

연지(蓮池) : 속세와 불계(佛界)를 가르는
다리 밑에는 아름다운 연못이 자리잡고 있었다.
지금은 사라지고 없는 이 연못 위를 건너면서
사람들은 속세의 때가 씻겨 내려가는 느낌을
받았을 것이다.

청운교 · 백운교 : 33계단으로 불교의 33천(天)을
상징한다. 층계를 다리 형식으로 만든 특이한 구조이며,
현존하는 신라 다리로는 유일하게 만든 당시의 모습을
간직하고 있다. 다리 좌우면은 판석을 막고
가로 세로 중방(中枋)을 세운 것이 목조 건축의 형태를
보여 준다. 국보 23호.

자하문 : 석가 세계로 들어가는 문.
'붉은 안개가 서린 문' 이라는 뜻인데, 부처의
몸에서 나오는 자줏빛을 띤 금색 광명이 다리 위에
안개처럼 서리는 것을 상징한다.
속세의 번뇌를 자금색 광명으로 씻고 난 뒤
들어서게 되는 건물이다.

범영루 : 전설 속의 이상 세계인 수미산 모양의
팔각 다리 위에 누각을 짓고 그 위에 108명이
앉을 수 있도록 했다. 108이라는 숫자는
백팔번뇌를 상징한다.

석단 : 이곳의 위는 부처의 나라인 불국이고
그 아래는 아직 거기에 이르지 못한 인간 세계이다.
석가 세계의 석단은 아미타 세계의 석단보다
한 층 더 높고 더 앞으로 튀어나와 있어
더 중요하다는 것을 보여 준다.

부처의 나라

불국사에 들어서면 그 안에는 세 부처가 있다. 하나는 자하문을 지나 대웅전에 있는 석가모니불, 다른 하나는 안양문을 지나 극락전에 있는 아미타불, 또 하나는 대웅전 뒤 비로전에 있는 비로자나불이다. 석가모니불은 사바 세계, 아미타불은 극락 세계, 비로자나불은 연화장 세계를 각각 관장한다. 이 가운데 가장 장엄한 모습을 하고 있는 것은 사바 세계이다. 우리가 잘 아는 석가탑과 다보탑도 이 사바 세계에 속한다. 아무래도 석가모니가 모든 부처의 원조요 근본적인 존재이기 때문이다.

그러나 정확하게 말하자면 세 부처는 서로 다른 존재가 아니다. 아미타불은 석가모니불의 다른 모습이고, 비로자나불은 석가여래가 베푼 진리 자체를 형상화한 것이다. 불국사의 구도는 여러 모습으로 나뉜 부처를 여러 공간에 나누어 배치한 것일 뿐이다. 이것은 '하나는 여럿, 여럿은 하나〔一即多 多即一〕'라는 화엄 사상이 불국사 설계의 중요한 토대가 되었음을 말해 준다. 바로 그런 이유 때문에 신라 시대에 불국사는 '대화엄불국사(大華嚴佛國寺)'라 불렸다.

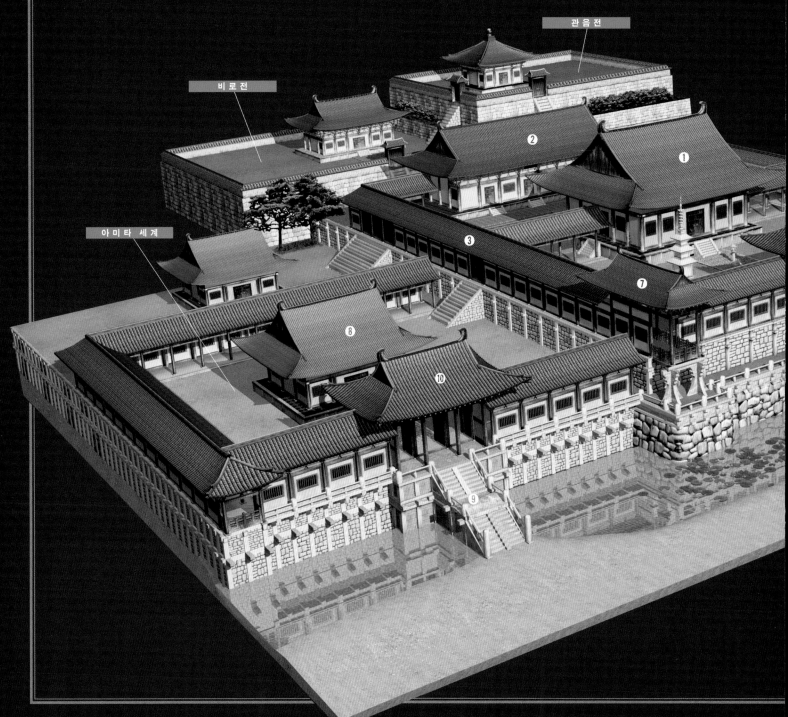

석 가 세 계

석가모니불의 사바 세계를 표현한 구역이다. 신라인은 스스로 깨달음을 얻은 석가모니불을 가장 중요하게 보았기 때문에 석가 세계의 면적을 가장 넓게 배분하고 화려하게 장식했다. 면적은 1072평으로 아미타정토 (473평)보다 두 배 이상 넓다. 범영루·좌경루·청운교·백운교 등 전면의 건물들이 아미타불을 모신 아미타 정토의 전면 건물들보다 앞쪽으로 나온 것도 의도적으로 석가 세계를 강조한 것이다.

❶ 대웅전 : 목조 석가삼존불을 모신 곳이다. 석가모니불을 중심으로 좌우에 미륵보살과 갈라보살이 협시(脇侍)하고 있다. 현존하는 건물은 1765년(영조 41년)에 새로 지은 것이지만 주초와 석단은 신라 때 것이다.

❷ 무설전 : 경전을 읽고 가르치는 장소이다. 무설전(말이 없는 집)이란 이름은 진리의 본질이 말을 통해 드러나는 것이 아님을 지적한 것이다.

❸ 회랑 : 참배객들의 통로. 궁궐의 구조와 비슷한데 이것은 부처가 불국의 왕임을 뜻한다. 참배객은 존경을 나타내는 뜻에서 정면에 있는 문으로 드나들지 않고 이 회랑을 통해 대웅전으로 나가게 된다.

❹ 좌경루 : 경전을 보존하던 곳이다. 오른쪽의 우경루와 함께 한없이 하늘을 향해 번져 가는 묘음(妙音)의 위력을 나타낸 것으로 정토 건축의 특징적 양식이다.

❺ 청운교·백운교 ❻ 자하문 ❼ 범영루

아 미 타 세 계

아미타불이 있는 서방의 극락정토를 상징한다. 아미타 신앙은 '통일신라' 시대 대중 사이에 크게 성행했다. 왜냐하면 모든 중생이 나무아미타불을 단 한 번만 염불해도 쉽게 속세의 고통에서 벗어나 다시 태어날 수 있는 행복의 땅, 극락 세계가 바로 아미타 정토이기 때문이다. 자력 신앙을 강력히 제시하고 있는 화엄 사상은 심오하고 난해하여 일반 대중이 접근하기가 어려웠다.

❽ 극락전 : 아미타불을 모신 곳이다. 안에 모신 금동아미타여래 좌상은 국보 27호. 이곳에서 대웅전을 통해 올라가는 길에는 3열을 지어 쌓은 계단이 있다. 그 각각은 16계단이어서 모두 합하면 48계단이 된다. 이것은 아미타불의 48가지 바람을 상징하며, 그 바람을 모두 성취하여 극락 세계를 세운 법장 스님의 뜻을 기린 것이다.

❾ 칠보교·연화교 ❿ 안양문

비 로 전

비로자나불은 석가여래의 진리 그 자체를 형상화한 것으로, 석가모니 세계 뒤에서 그 세계와 하나의 권역을 이루고 있다. 이곳은 석가 세계와 아미타 세계의 두 중심 구역이 완성된 후에 18칸을 지어 추가한 것으로 보인다. 비로자나불이라는 부처의 형상은 8세기 후반에야 확립된 것이고 현재의 금동비로자나불상은 불국사 창건 이후에 만들어졌기 때문이다.

석 가 세 계

2층 누각 구조 : 1층 석조 건축에는 잘 다듬은 돌로 기둥을 세웠다.
이 돌기둥은 2층 목조 건축의 나무 기둥과 연결되어 정돈된 형태의 2층 누각을 연출하고 있다.

석단

다리 : 불국사에는 열세 개나 되는 많은 다리가 있었다.
이 다리들은 끝없는 구름과 바다로 둘러싸여 있는 장엄한 정토를 표현한다.
청운(靑雲)·백운(白雲)이라는 다리 이름도 이러한 상징성을 갖는 것이다.

▶ 불국사 금동비로자나불 좌상
통일신라 시대의 대표적인 금동 불상으로 대좌나 광배는 없어지고 불신(佛身)만 남아 있다. 세련된 눈매가 약간 느슨해진 9세기 불상의 특징을 잘 반영한다.
높이 177cm. 국보 26호.

◀ 불국사 금동아미타여래 좌상
비로전에 봉안된 금동비로자나불상과 함께 9세기의 양식적 특징을 보여 준다. 한마디로 '긴장감이 이완된 장대함' 이 이 불상의 특징이다.
높이 166m. 국보 27호.

관 음 전

관음보살은 석가모니의 자비심(慈悲心)을 형상화한 것으로, 관음전도 석가 세계 뒤에서 이 세계와 하나의 권역을 이룬다. 751년 김대성이 여섯 칸으로 지었다고 전하나 현재는 임진왜란 때 불탄 것을 새로 지은 것이다. 원래 이 관음전 안에는 관세음보살상이 안치되어 있었다. 이 관음상은 922년 경명 왕비가 작지공에게 명하여 전단향목으로 만든 것인데, 관음의 영험이 크다고 하여 매우 존경받았다고 한다.

기단 : 네 방향으로 계단이 있는 특이한 모양이다. 돌기둥은 난간이 있던 흔적이다. 기단 위에는 돌사자가 네 마리 있었다.

게 섰다.

랜 수도 끝에 마침내 완전한 깨달음을 얻었다. 그의 주위에

게 하며 '깨달은 자' 가 던질 최초의 한마디를 긴장된 표정으

면 만날 수 있는 이 완전한 자는 석굴암, 아니 석불사(石佛

으로 깨달음을 얻은 석가모니의 가르침을 소중하게 생각했

정의 순간을 이곳에 형상화함으로써 온 세상을 불국토로 만

서 이와 같은 본존불의 형상을 구했을까? 한 미술사학자는

『대당서역기』에서 그 비밀을 풀었다. 그 책에는 깨달음의 순

기를 앉은 키 1장(丈) 1척(尺) 5촌(寸), 두 어깨 폭 6척 2촌,

도 이 치수는 석굴암의 석가모니 대불의 크기와 같다.

지인' 이라고 불리는 손의 모습도 완전히 일치한다. 신라인

의 모습을 이 땅에 그대로 재현하고자 한 것이다. 그 극적인

당대 사상가들과 장인들이 혼신의 노력을 쏟아부었다. 또

유례없는 짜맞춤 구조로서, 삼백예순여 개의 돌만으로 굳건

장은 로마의 판테온 신전처럼 당대 최첨단 건축인 돔 형태

하학적 지식이 총동원된 석굴암으로 안내한다.

다 보 탑

4층 : 팔각 고임 위에 팔각 상을 올렸다.

3층 : 여덟 개의 대나무 모양 기둥 위에 연화문이 새겨진 큰 돌을 올렸다.

2층 : 팔각 기둥 위에 난간이 있는 팔각 옥개석을 얹었다.

1층 : 다섯 개의 돌기둥 위에 옥개석을 얹고 사각 난간을 둘렀다.

『법화경』에는 석가모니 이전에 다보여래라는 부처가 등장하는데, 이 부처는 영원한 진리를 상징한다고 한다. '다보탑' 은 바로 이 다보여래가 상주하는 곳이다. '많은 보물' 이라는 이름에서 엿볼 수 있듯이 다보탑은 화려한 목조 건물을 모방한 것이다.

기단에 동서남북으로 설치한 10계단의 네 층계는 구도자의 수행의 경지를 상징하며, 기단 위에 겹겹이 쌓여 가는 층들은 인간이 근본적 도리를 실천할 때 나타나는 훌륭한 덕성들을 상징한다.
높이 10.4m. 국보 20호.

광

서

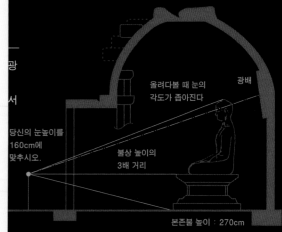

올려다볼 때 눈의 각도가 좁아진다

광배

당신의 눈높이를 160cm에 맞추시오.

불상 높이의 3배 거리

본존불 높이 : 270cm

'항마촉지인(降魔觸地印)' :
'악마를 항복시키고 땅을 만지는
손가락질' 이란 뜻이다. 이것은
무엇을 상징할까?
석가모니가 보리수 아래에서
선정(禪定)에 들어 깨달음을 얻게 되자
많은 악마들이 그 깨달음을 방해하려고
온갖 무기를 들고 위협하며 괴롭혔다.
그러나 석가모니는 끄떡도 하지 않았다.
그러자 악마가 달려들어 말했다.
"네가 만일 큰 깨달음을 얻었다면
땅의 신을 불러내어 증명해 보아라."
이에 깊은 명상에 들었던
석가모니가 오른손을 들어
땅을 가리키니 땅의 신이 나타나
석가모니가 참으로
큰 깨달음을 얻었음을 증명했다.
이에 모든 악마가 항복했다.
항마촉지인의 자세는
석가모니가 큰 깨달음을 얻어
모든 악마의 방해와 유혹을 물리친
승리의 순간을 나타낸 것이다.

석굴암의 구조

석굴 내부는 전실(前室), 통로, 주실(主室)로 이루어져 있다. 사각형인 전실은 예배가 이루어지는 곳으로 땅을 상징하며, 원형인 주실은 석가여래가 존재하는 하늘 세계를 상징한다. 석굴에서 신라 장인들이 가장 심혈을 기울인 곳은 바로 석가모니가 있는 주실, 그중에서도 하늘 세계를 상징하는 천장 부분이다. 네모난 돌들을 짜맞추어서 반구(半球)형, 즉 돔(dome)을 만든다는 것은 상당한 수학적·기하학적 지식을 요구하는 작업이다. 판테온의 돔 공법을 알지 못한 상태에서 신라 장인들은 독특한 방식으로 돔 형태를 창조했다. 네모난 판석들 사이에 비녀 모양의 긴 돌을 박고, 그 위에 작은 잡석들을 쌓아 눌러 줌으로써 완벽한 힘의 균형 상태를 연출했다. 긴 돌들은 모두 30개로 위쪽 세 층의 판석들을 따라 방사형으로 가지런히 배열되어 있다. 안에서 보면 주실 천장은 마치 별들이 떠도는 우주 공간처럼 느껴진다. 이 모든 것들을 볼 때, 이 공간이 내용과 형식의 면에서 얼마나 치밀하게 설계되었는지 알 수 있다.

비녀 모양의 긴 돌 : 머리 부분은 천장 안쪽에서 네모난 돌들을 갈고리처럼 걸어서 끌어당기고, 2m 이상 밖으로 돌출된 몸뚱이 부분은 석굴 위에 쌓은 작은 돌더미에 파묻힘으로써 지붕 안쪽으로 완벽한 힘의 균형 상태가 발생한다. 목조 건축으로 치자면 나무못에 해당하는 이 긴 돌 때문에 석굴암은 장구한 세월을 무사히 견디어 온 것이다.

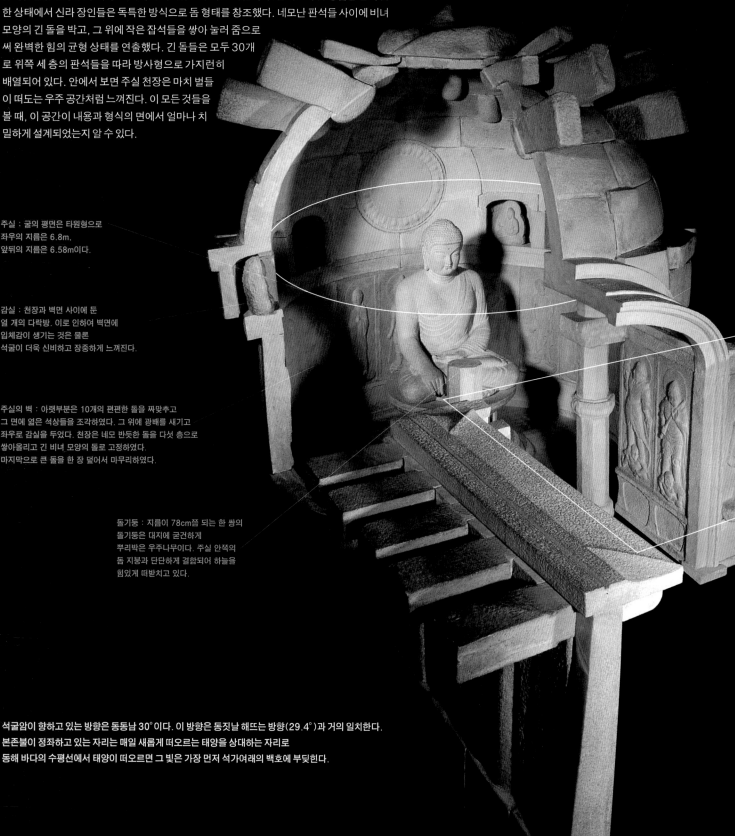

주실 : 굴의 평면은 타원형으로 좌우의 지름은 6.8m, 앞뒤의 지름은 6.58m이다.

감실 : 천장과 벽면 사이에 둔 열 개의 다락방. 이로 인하여 벽면에 입체감이 생기는 것은 물론 석굴이 더욱 신비하고 장중하게 느껴진다.

주실의 벽 : 아랫부분은 10개의 편편한 돌을 짜맞추고 그 면에 엷은 석상들을 조각하였다. 그 위에 광배를 새기고 좌우로 감실을 두었다. 천장은 네모 반듯한 돌을 다섯 층으로 쌓아올리고 긴 비녀 모양의 돌로 고정하였다. 마지막으로 큰 돌을 한 장 덮어서 마무리하였다.

돌기둥 : 지름이 78cm쯤 되는 한 쌍의 돌기둥은 대지에 굳건하게 뿌리박은 우주나무이다. 주실 안쪽의 돔 지붕과 단단하게 결합되어 하늘을 힘있게 떠받치고 있다.

석굴암이 향하고 있는 방향은 동동남 30°이다. 이 방향은 동짓날 해뜨는 방향(29.4°)과 거의 일치한다.
본존불이 정좌하고 있는 자리는 매일 새롭게 떠오르는 태양을 상대하는 자리로
동해 바다의 수평선에서 태양이 떠오르면 그 빛은 가장 먼저 석가여래의 백호에 부딪힌다.

석굴암에 구현된 이상적인 비례

석굴암이 철저한 수학적 비례 관계에 의해 설계되었다는 사실을 처음으로 밝혀 낸 사람은 1940년대 일본의 측량 기사 요네다였다. 그는 먼저 신라 석공들이 사용한 자〔尺〕의 길이를 추석했다. 치밀한 측량 결과 그 자의 길이는 29.7cm 라는 결론에 도달했다. 이 길이는 당나라에서 사용하는 한 척의 길이, 당척(唐尺)이다. 그는 이 당척에 따라 다시 석굴암을 측량했다.

석굴의 평면을 보면, 주실은 반지름 12자의 원이다. 주실 입구의 길이도 12 자이다. 이는 원에 내접한 육각형의 한 변에 해당한다. 그리고 입구의 12자를 한 변으로 하는 정삼각형을 그렸을 때 그 꼭지점이 대좌 앞 끝에 닿도록 했다. 대 좌의 높이는 한 변을 12자로 하는 정삼각형 높이의 1/2로 했다. 주실 입구와 대 좌 앞을 잇는 12자 정삼각형을 세 배로 늘이면 한 변이 36자인 정삼각형이 나온 다. 바로 이 정삼각형의 밑변 꼭지점에 전실의 입구가 있다. 과학자들은 "석굴 의 구조란 깊이 조사하면 조사할수록 실로 무서우리만큼 숫자상의 조화로 충만 되어 있다"고 감탄한다.

통로의 지붕 : 완만한 무지개 모양의 장대한 지붕돌 두 장이 틈새 하나 없이 맞물리도록 설계했다. 이질적인 전실의 사각형 천장과 주실의 돔 천장을 튼튼하게 묶어 주는 이음새 노릇을 한다.

전실 : 여러 차례의 수리 과정에서 약간 변화되었는데, 맨 바깥쪽의 팔부신중이 다른 인물들보다 키가 작은 것으로 보아 본래는 안으로 꺾인 구조였던 것으로 여겨진다.

하늘 세계 : 하나의 태양(덮개돌)과 하나의 달(광배), 그리고 30개의 별들(비녀 모양의 돌)로 이루어진 무한한 우주를 표현하였다.

천장 덮개돌 : 큰 돌 하나로 되어 있으며 손잡이 없는 찻잔을 거꾸로 엎어 놓은 모양이다. 돌의 무게는 자그마치 20톤이다.

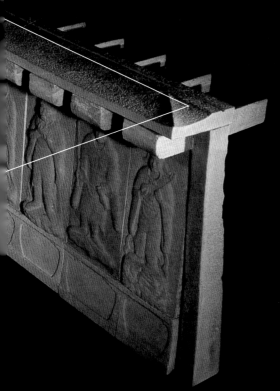

신라역사과학관에 전시된 석굴암 복원 모형

▲ 일제시기 전실 구조

식민지 시기 조선총독부에서 촬영한 전실의 모습이다. 오른쪽 맨 마지막 팔부신중은 꺾여 있다. 요네다의 측량에서도 마찬가지로 전실의 마지막 부분은 꺾여 있다. 1960년 수리 공사 때 꺾인 팔부신중을 펼쳐서 왼쪽 석굴암 모형처럼 복원했다.

요네다가 그린 석굴의 비례 관계

지상 세계 - 전실과 통로

전실은 서서 예배를 보는 곳이다. 둥근 천상계를 상징하는 주실의 입구이기도 한 이곳에는 주실의 본존불과 불법을 수호하는 여러 지킴이들이 조각되어 있다. 이들은 임무의 성격 때문에 힘센 장사나 용감한 무사, 또는 무서운 괴물의 모습을 하고 있다. 가장 먼저 시야에 들어오는 입구 쪽 벽에는 '팔부신중'을 조각했다. 팔부신중이란 불법을 수호하는 여덟 명의 무사들이다. 입구 좌우에는 금강역사가 조각되어 있다. 금강역사는 불법을 수호하는 한 쌍의 힘센 신으로, 치마만 두른 벌거벗은 상체는 근육이 잘 발달했다. 팔부신중과 금강역사는 모두 고대 인도 신화에 나오는 신들이었으나, 불교가 흥성하면서 그 품에 안겨 불법을 수호하는 장수 역할을 맡게 되었다. 네모꼴 공간으로부터 주실로 들어가는 통로의 양쪽 석벽에는 무시무시한 장수 네 명이 통행료를 요구하고 있다. 이들은 동서남북 사방을 다스리는 하늘나라 수호신인 사천왕. 온몸을 화려하게 무장하고 무기를 들고 있다. 언제라도 나쁜 기운이 침노하면 무기로 내리칠 태세이다. 이들이 요구하는 통행료는 '우리 마음속의 티끌을 몽땅 털어 버리는 것'이다.

◀ **금강역사** : 탑이나 사찰의
문 양쪽을 지키는 신령스런 장수.
머리 뒤에는 커다란 원형의
두광(頭光)이 있다. 이것은 금강역사가
단순히 힘센 자가 아닌, 신성한 지혜를
고루 갖춘 존재임을 나타낸다.
왼쪽 역사는 본존불을 향하여 입을
크게 열어 "아" 하는 소리를 내고 있고,
오른쪽 역사는 입을 굳게 다문 채 빈틈 없는
방어의 자세를 갖추고 있다.
"아" 소리를 내는 역사를 '아' 금강역사 ❺.
입을 다문 역사를 '훔' 금강역사 ❿ 라고 부른다.
'아'는 산스크리트 알파벳의 첫째 글자이고,
'훔'은 마지막 글자이다.

▲ **팔각 돌기둥** : 주실 안으로 걸음을 내딛자면 팔각 돌기둥을
지나야 한다. 이 두 기둥은 각각 네 단으로 나뉘어 단계마다
길이가 다르다. 기둥 밑의 받침돌과 중간 받침돌에는 연꽃이 새겨져
있는데, 그 모양이 마치 손가락에 낀 꽃반지 같다.

❶ **아수라**
고대 인도의 신이었으나 후에
제석천(86쪽 참조)과 싸우는
귀신으로 팔부신중의 하나가
되었다. 얼굴 셋 또는 팔 열 개로
묘사된다. 옷은 거의 입지
않았으며 배에는 악귀의 얼굴이
새겨져 있다. 현재 위아래 부분이
파손되어 있다.

❷ **긴나라**
머리를 기르고 단정하게
서 있으며, 왼손에 세 가닥
창을 쥐고 있다.

❸ **야차**
염라국에 살며 죄인을
다루는 옥졸. 염마졸.
머리 위에 사자를
이고 있고 가슴 밑에
밧줄을 감고
있는 것이 특징이다.

❹ **용**
머리 위에 용을 이고 있고
왼손에는 여의주를 쥐고 있다.
용은 불교에서 매우 중요한
수호신의 하나이다.
신라에서 용은 나라를 지키는
수호신으로 간주되었다.

◀ 수미산의 수호신 사천왕

수미산은 고대 인도의 우주관에서
세계의 중심에 있다는 상상의 산이다.
사천왕은 그곳의 동서남북 네 하늘을
각각 나누어 주재하던 초능력의
주인공들이다. 동쪽 하늘은 지국천왕,
남쪽 하늘은 증장천왕, 서방은 광목천왕,
북방은 다문천왕이 담당해 오다가
뒷날 불법이 크게 일어나자
스스로 귀의하여 팔부신중처럼
사찰의 수문장을 자임하게 되었다.

❻ 동방 지국천왕
용맹한 무사의 모습으로
악귀를 밟고 있다.
옛날에는 이 조각상에 채색이
되어 있었다.

❼ 남방 증장천왕
지국천왕과 모습이 비슷하다.
동남쪽을 향해 엎드린 악귀를
밟고 서 있다.

❽ 북방 다문천왕
얼굴을 북쪽으로 돌린 채
오른손을 위로 들어올려서
보탑(寶塔)을 들고 있다.

❾ 서방 광목천왕
오른손에 칼을 쥐고 악귀를
밟고 있다. 얼굴은 다른
돌로 되어 있어 나중에
새긴 것 같다.

❿ '흠' 금강역사

전실의 지붕 : 좌우 벽체의 판석 위로 양쪽에
가지런한 돌이 다섯 개씩 튀어나와 있다.
이 돌의 앞부분은 부드러운 곡면이며 그 위 전체에
얇은 지붕돌이 덮여 있어 목조 건축의 처마 구조를
연상시킨다.

◀ 전실의 지킴이들과 팔부신중
전실과 통로는 모두 14개의 편평한 돌로
구성되어 있다. 팔부신중 8매,
금강역사 2매, 사천왕 4매.
이 가운데 팔부신중은 광배가 없으며
조각 기법 역시 다른 것에비해 거칠다.
이들 신은 무관의 옷을 입고 머리에
투구를 쓰고 있거나 동물의 얼굴을
하고 있다.

신라역사과학관 전시 석굴암 복원 모형

⓫ 마후라가
가볍게 구부러진 왼쪽
손바닥은 배를 땅에 대고
기어다니는 그의 생태를
표현한 것 같다.

⓬ 천
머리 위에 화염을 표시하고
사방을 환하게 비추는
모습으로 표현되고 있다.

⓭ 건달바
인도 신화에 하늘의 신성한
물을 지키는 신이 있어
이를 건달파라 하는데 그 신을
표현한 것 같다. 오른손에는
긴 칼을, 왼손에는 사람의
마음을 정화시키는 깨끗한 물이
든 정병을 들고 있다.

⓮ 가루라
금시조라고 부르는 신화적인
새이다. 힘이 매우 세며
새벽 또는 태양을 인격화한
것이라고 한다. 왼손에 자루가
짧은 무기를 쥐고 있고
머리 양쪽에는 날개가 달려 있다.

천상 세계 - 주실

바닥도 천장도 모두 무궁한 원형으로 표현되어 있다. 이곳의 주인은 단연 중앙의 본존불. 그 주위의 둥근 벽면을 따라 천부상, 보살상, 십대 제자상이 대칭으로 조각되어 있다. 이들은 부처의 설법을 듣기 위해 모인 회중(會衆)으로, 당시 알려진 불상의 모든 것을 한 공간에 모아 놓은 것이다. 모두 자세가 변화무쌍하며 능숙한 솜씨로 아름답게 조각되어 있다.

둥근 법당 뒤쪽으로 돌아가면 돌연 십일면관음보살상이 나타난다. 이 보살상은 다른 조각보다 더 튀어나왔고, 또 가장 화려하고 아름답게 조각되어 있다. 그런데 왜 보이지 않게 본존불 바로 뒤에 배치하였을까? 그것은 이 보살이 본존불과 한 몸이기 때문이다. 관음보살은 석가모니의 자비심을 형상화한 것이다. 남성으로 표현된 석가와 어머니의 자비심 곧 모성애를 표현한 관음은 하나로 합쳐질 때 비로소 온전한 존재가 되는 것이다. 그렇다면 주실의 주인공은 본존불과 십일면관음보살이고, 이들을 제외한 나머지 불상들은 이들의 찬미자인 것이다. 주실 안의 석상은 모두 24체(體)이며, 십일면관음보살상 앞에는 본래 탁월한 솜씨로 만들어진 소형 5층탑이 놓여 있었다고 하는데 현재는 어딘가로 반출되고 없다.

▶ 십대 제자들
석가모니 생시에 따르던 열 명의 제자들. 본존불을 호위하며 향로나 주발을 들고 여러 가지 공양하는 자세를 취하고 있다. 나이와 얼굴 표정, 손발 동작이 저마다 달라서 생동감이 느껴진다.

불법을 담은 책. 지혜를 상징한다.

대범천

원래 이름은 브라흐마로 인도 신화에서는 창조주로 추앙받는 신이다. 이후 제석천과 함께 석가가 설법을 할 때 그 자리를 지키는 호법신이 되었다. 도란형(달걀을 거꾸로 놓은 모양)의 두광을 가지고 있으며, 왼쪽 손가락에 정병을 끼고 있다. 벽의 굴곡을 따라 보살과 십대 제자들 쪽을 향하여 얼굴과 몸을 돌리고 있는 것이 인상적이다.

문수보살

몸과 얼굴 전체를 중앙에 있는 본존불을 향하여 돌리고 있다. 하늘 옷인 천의는 욕심으로 뒤덮여 있는 현세의 불행한 업보 속에 결코 얽매여 있지 않음을 나타낸다. 그가 왼손에 쥐고 있는 것은 두루마리 경전인 경권으로 이 상이 지혜를 상징하는 문수보살이라는 것을 잘 보여 준다.

신체가 왜소한 고령의 노인. 왼손엔 향로병을 들었고 오른손으로 향로 안에 무언가를 집어넣고 있다. 발은 한 방향으로 가지런히 하고 샌들을 신었다.

건장한 청년. 명상에 잠긴 얼굴 모습과 두 손을 모아서 턱 가까이 대고 어깨를 웅크린 자세는 내부로 깊이 침잠하여 사색하는 수도승의 모습이다.

가사로 온몸을 감싸안고 한쪽 손만 내밀어 원을 만들고 있는 모습이 특이하다. 왼쪽 다섯 상 중 이 상만 얼굴을 반대편으로 돌리고 있는 점도 독특하다.

감실의 보살들

어두운 감실은 남의 눈에 띄지 않게 지혜와 자비를 실천하는 보살들에게 알맞은 공간인 것 같다. 감실은 석굴암뿐 아니라 중국이나 인도의 석굴 사원에서도 쉽게 찾아볼 수 있다. 주로 석굴의 입구 주변이나 내부의 돌벽을 파내어 작은 다락을 만들고 그 안에 불상을 모신다. 이들 석굴 사원의 감실은 그때그때 만드는 탓인지 조형미가 떨어지지만, 석굴암 감실은 완벽한 균형미를 느끼게 한다.

부처를 둘러싼 군상과 십일면관음보살

주실의 본존불 주변에는 여러 보살과 석가의 십대 제자가 석가모니 부처의 한마디를 기다리며 숨을 죽이고 있다. 감실의 보살들이 앉아 있는 좌상인 데 반해서 이곳의 상들은 모두 서 있다. 그 가운데 단연 압권은 십일면관음보살이다. 그녀는 아름답지만 얼굴이 열한 개나 있는 괴물이다. 이 많은 얼굴은 무엇을 상징할까?

그것은 중생을 교화하기 위한 여러 가지 기능과 교화의 여러 가지 측면을 상징한다. 위의 3면은 자상(慈相)인데 선한 중생을 보고 사랑스러운 마음[慈心]을 일으켜 이를 찬양하는 얼굴이다. 아래 왼쪽 3면은 진상(瞋相)인데, 악한 중생을 보고 슬픈 마음[悲心]을 일으켜 그를 고통에서 구하려는 얼굴이다. 또 오른쪽 3면은 이를 드러내고 미소 짓는 모습으로, 정업(淨業)을 행하고 있는 자에게 더욱 불도에 정진하도록 권장하는 얼굴이다. 가려진 뒤의 1면은 폭대소상(暴大笑相)으로 착한 자, 악한 자 등 모든 부류의 중생들이 함께 뒤섞여 있는 모습을 보고 이들을 모두 포섭하는 도량을 보이는 얼굴이다.

이처럼 석굴암 십일면관음보살에는 중생의 여러 가지 형편과 태도에 따라 때로는 화를 내기도 하고 때로는 부드럽게 대하기도 하는 관음보살, 그 가운데 늘 자비로운 웃음을 잃지 않고 그 미소 속에 중생을 껴안으려는 대자대비의 의미가 녹아들어가 있다.

석굴에는 조상이 모두 24개 있다. 그들은 서 있거나 앉아 있거나 앞을 보거나 옆을 보고 있으며, 생각을 하거나 이야기를 나누고 있다. 그러한 차이는 좁은 석굴에 무한한 생동감을 부여한다. 하지만 이들은 하나의 마음을 가진 여럿이다. 깨달음을 향하는 이들의 한 마음이 석굴에 조화로운 통일성을 느끼게 한다.

과거와 현재의 전령사들

석굴암 대불의 비밀을 찾아서

"젊은 시절을 국립경주박물관에서 보낼 때 자주 석굴암을 찾았습니다. 낮에는 관람객이 몰려들어 자세히 볼 수 없기에 대개 저녁 예배가 끝날 즈음 그곳 스님에게 부탁하여 홀로 안에 들어가 입구에 정좌했는데, 아름답고 힘찬 불상 조각들과 기하학적으로 치밀하게 설계된 건축 공간이 자아내는 분위기는 실로 숭고의 극치를 이루고 있었습니다. 그때마다 이렇게 혼잣말을 했습니다. '이것은 예배의 대상이지 연구의 대상이 아니다.' 그래서 그곳에서는 명상에 잠기다 나올 뿐 전혀 연구의 대상으로 살피지 않았거니와 석굴암에 대한 어떠한 글도 읽지 않았습니다. 읽고 연구하기를 거부한 겁니다.

그러다가 42세에 미국으로 건너가 하버드 대학의 늙은 학생이 되었는데, 그 이역만리에서 문득 석굴암이 뇌리를 스치는 것이었어요. 가까이 있을 때는 그렇지 않더니 멀리 떨어지고 보니까 석굴암을 연구해 뭔가 이루어 보겠다는 욕망이 물결쳐 오더군요. 그러나 석굴암에 관한 구체적인 자료가 거의 없었고 논문들도 지극히 빈약했습니다. 일본의 고건축 연구가인 요네다 미요지(米田美代治)가 석굴암을 치밀하게 측량하여 설계 도면을 만들고 쓴 글이 유일한 문헌 자료였죠. 그때 석굴암이 그처럼 치밀하게 기하학적으로 설계되었다면, 그 중심에 자리잡은 불상 크기도 어디엔가 근거해 결정됐으리란 생각이 불현듯 들었습니다. 그래서 나는 대불(본존불)의 비밀을 풀어 줄 열쇠를 얻기 위해 불상에 관한 기록을 찾아헤맸죠.

그러던 어느날 현장의 『대당서역기(大唐西域記)』에서 뜻밖의 기록을 발견하고 놀라움을 금치 못했습니다. 석가모니가 정각(正覺)을 이룬 보드가야대각사(大覺寺)의 불상이 묘사되어 있는데, 그 모습과 크기가 바로 석굴암 대불과 일치하는 게 아니겠어요? 내가 석굴암 대불의 크기를 머릿속에 새기고 있지 않았더라면 무심코 지나쳤을 겁니다. 전에도 많은 불교 미술사가들이 이 대목을 인용했건만 무엇을 의미하는지는 몰랐던 거죠. 꿈인가 했습니다. 이 정확한 일치가 우연일 수는 없지요. '그렇다! 석굴암 대불은 석가가 정각을 이룩한 순간의 모습을 그대로 이 땅에 재현한 것이다!' 나는 너무도 흥분해 잠을 이룰 수 없었습니다. 마침내 석굴암의 비밀을 알아낸 겁니다. 하지만 그것은 석굴암 연구의 끝이 아니라 시작이었습니다. 나는 그날의 감격을 영원히 잊지 못할 것입니다."

미술사학자_강우방

1941년 만주 안동(安東) 출생
1967년 서울대 독문과 졸업
미국 하버드 대학 미술사학과
박사 과정 수료
국립경주박물관 관장 역임
현재 이화여대 교수

신 라 생 활 관

전시 PART 2

이곳에서는 신라 시대 생활사와 관련된 여러 가지 주제들을 다양한 장치와
깊이 있는 해설을 통해 새롭게 이해할 수 있습니다.
'가상체험실' 에서는 3면이 바다로 둘러싸인 우리 민족 최초의 나라였던
신라, 그 바다의 나라에 살았던 바다의 왕자 장보고의 활약상을 보여 줍니다.
당나라 · 신라 · 일본을 잇는 삼각 해상로를 장악하고, 해상 실크로드를
완성한 장보고의 해상 기지 청해진에서 21세기 해양 입국의 청사진을
미리 볼 수 있습니다.
'특강실' 에서는 지금까지 살펴본 구체적인 생활상을 바탕으로 좀더 거시적인
주제를 깊이 있게 해설해 줍니다. 정치적으로 옹졸하다 싶을 만큼 폐쇄적이었
던 신라가 어떻게 그토록 다양한 문화의 용광로가 될 수 있었을까?
또 개발과 보존의 논리가 팽팽하게 맞서는 가운데 곤혹스러운 세월을 보낸
경주의 지난 1세기를 돌아봅니다.
'국제실' 에서는 인도의 원시 불교에서 티베트 불교에 이르는 고대 세계의
불교 문화를 알기 쉬운 도표와 사진을 통해 정리하고 신라 불교의 높은
위상을 확인합니다.

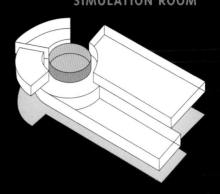
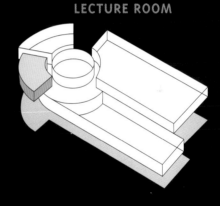
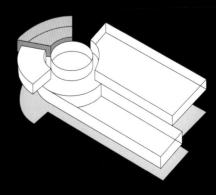

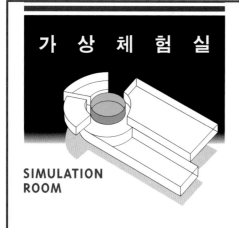

인도양과 남중국해를 잇는 범아시아 무역 항로. 한반도 서남해안의 국제 무역 센터. 중국 속의 한국인 전용 중계 무역 기지. 한·중·일을 오가는 대형 무역선. 무역 전쟁이 벌어지고 있는 요즘 이야기가 아니다. 1200년 전 해상 기지 청해진. 우리 역사에서는 매우 낯선, 그래서 더욱 아쉬움으로 남는 장쾌한 해상 활동의 세계로 안내한다.

청해진을 가다 — 1200년 전의 세계화 실험 —

8~9세기를 거치는 동안 신라는 왕위 다툼과 정쟁으로 국력이 쇠약해졌다. 백성의 고통은 극에 달해 도적과 유랑민이 들끓었고, 그 유랑민 가운데는 굶주림에서 벗어나기 위해 중국과 일본으로 가는 사람도 적지 않았다. 또 귀족들이 판을 치는 신라 사회에 환멸을 느끼고 새로운 출세의 기회를 얻기 위해 중국으로 가는 사람들도 있었다. 그중의 한 명이 장보고라는 인물이었다. 810년경, 이 사나이는 당나라에 첫발을 내딛고 역사에 얼굴을 내밀었다.

❷ '해상 실크로드'의 동쪽 끝 무렵에 우리의 서·남해가 있었다. 9세기 초 이곳은 해적들의 천국이었다. 해적들은 당시 정국 불안으로 변방과 국경의 방비가 허술한 틈을 타서 신라 연안을 자주 약탈했다. 중국의 많은 역사책에 등장하는 '신라노(新羅奴)'는 당시 해적에게 잡혀 노비로 팔리는 신라인을 가리키는 말이었다. 당나라에서 무령군 소장으로 근무하던 장보고는 이러한 신라노들의 참상을 목격하고 큰 충격을 받았다.

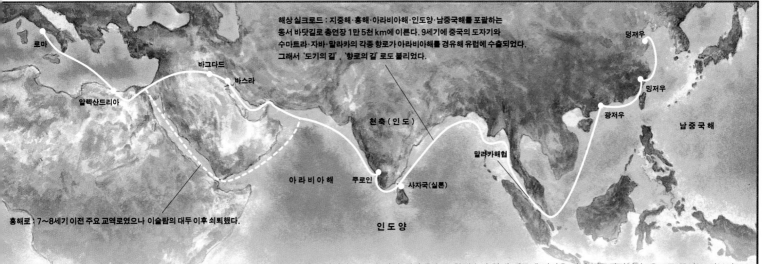

해상 실크로드 : 지중해·홍해·아라비아해·인도양·남중국해를 포괄하는
동서 바닷길로 총연장 1만 5천 km에 이른다. 9세기에 중국의 도자기와
수마트라·자바·말라카의 각종 항로가 아라비아해를 경유해 유럽에 수출되었다.
그래서 '도기의 길', '항로의 길' 로도 불리었다.

덩저우

로마

바그다드
바스라

알렉산드리아

밍저우

천축 (인 도)

광저우

남 중 국 해

아 라 비 아 해   루로인
사자국(실론)

말라카해협

흥해로 : 7~8세기 이전 주요 교역로였으나 이슬람의 대두 이후 쇠퇴했다.

인 도 양

1 당시 당나라 또한 황제 권력이 약해지면서 지방 군벌(軍閥)이 그 세를 넓히고 있었다. 그러나 이 점이 오히려 중국인의 교역 활동을 촉진했다. 한편 대제국으로 성장한 이슬람 왕조는 아프리카와 유럽, 아시아 등에서 오는 물산들의 집결지로 최고의 번영을 누리고 있었다.

당시 해상 운송은 항해술의 한계 때문에 연안을 따라 이루어졌지만, 육로를 통하는 것보다 적은 인원으로 많은 물자를 빠르게 나를 수 있었다. 인도양에서 중국해에 이르는 이른바 '남해로'는 '해상 실크로드' 라고 불릴 만큼 동서 교역의 주요 루트로 떠오르고 있었다.

3 828년 "장보고는 본국으로 돌아와 대왕(흥덕왕)을 배알하고 '중국을 널리 돌아다녀 보니 우리 나라 사람들이 노비 노릇을 하고 있었습니다. 바라옵건대 제게 청해(완도)를 지키는 일을 맡기시면 적들이 사람들을 약탈하여 서쪽으로 붙잡아가지 못하도록 하겠습니다'라고

아뢰었다. 대왕은 그 말을 좇아 장보고에게 병력 1만 명을 주었으니, 이후부터는 해상에서 우리 나라 사람들을 매매하는 일이 없어졌다" (『삼국사기』). 대부분 가난한 뱃사람과 죄인으로 구성된 해적들은 훈련된 정예 군사의 적이 될 수 없었던 것이다.

4 완도를 지키는 초소처럼 바다 쪽으로 나온 장군섬. 여기서 거대한 공사가 시작되었다. 800m에 달하는 성곽을 돌과 흙으로 쌓고 수십 척의 배가 동시에 들어올 수 있는 대규모 부두를 건설하는 공사였다. 한반도 내륙으로 들어가려는 중국과 일본의 배가 꼭 거쳐야 하는 길목인 완도 앞바다가 신라 수군과 무역의 중심으로 탄생하고 있었던 것이다.

5 9세기 초 중국을 여행한 일본 승려 엔닌(圓仁)이 쓴 일기에는 중국 산둥반도 연안의 많은 교역선들이 대부분 '신라인'의 것이라고 기록되어 있다. 여기서 '신라인'이란 당대의 신라 유랑민·유학생·승려에다 일부 고구려와 백제의 유민까지 아울러 일컫던 말이다. 이들 '재당 신라인'은 주로 양쯔 강 일대의 운하 주변과 산둥반도의 포구를 중심으로 모여 살면서 대부분 상업과 운송업에 종사했다. 이들의 집단 주거지를 '신라방(新羅坊)'이라 했고, 이들을 관할하는 관청을 '신라소'라 했다. 신라소의 담당 관리는 신라인이 맡았다. 장보고는 당나라에서 무령군 소장으로 근무하던 시절부터 이들 '재당 신라인'과 함께 상업 활동을 해왔으며, 청해진 설치 이후에는 신라방을 중계 무역 기지로 활용했다.

7 국제적인 거물로 떠오른 장보고의 에너지원은 두말할 나위 없이 청해진이었다. 이곳은 반상반군(半商半軍), 즉 일반 무역항과 수군의 진지라는 두 가지 성격을 갖고 있었다. 장보고는 청해진을 건설한 뒤 '청해진 대사'라는 직함을 얻었는데, '대사(大使)'는 신라 역사상 장보고에게만 주어진 직위였다. 이것은 동북아시아 바다의 주인이 된 장보고에게 신라 조정이 베푼 아주 특별한 예우였다.

완도와의 교통로 : 장군섬과 완도 장좌리 사이의 거리는 170여m. 밀물 때의 수심은 1~1.5m이지만 썰물 때는 갯벌이 드러난다. 이렇게 육지와 살짝 떨어진 섬 전체를 성으로 삼고 바다를 천연 해자로 활용한 예는 전무후무하다.

통나무열 : 장군섬에서 가장 낮아 외부에서 접근하기 쉬운 서쪽 해안을 따라 둥근 나무를 일정한 간격으로 박았다. 방어용 목책이나 접안 시설로 짐작된다.

천연의 요새 장군섬 : 3면이 확 트이고 수심이 깊어 배를 대기 쉬울 뿐 아니라 태풍을 피할 수도 있는 곳. 여기서는 멀리 남해안 일대와 해남·강진을 지나 당나라로 드나드는 해로를 감시할 수 있다.

장보고의 거성(居城) : 장군섬의 성은 병사들이 주둔하는 곳일 뿐 아니라 장보고가 머무는 거성이었을 것으로 여겨진다. 성안의 높은 대지 위에 그의 저택과 창고, 그리고 제사를 지내는 사당이 있었을 것으로 보인다.

섬의 구조를 최대한 이용한 청해진성 : 해안선으로부터 판축 방식으로 토성을 쌓아올리고 곳곳에 치(雉)를 두었다. 지대가 낮은 서쪽 해안에는 통나무열을 쌓고 그로부터 4~5m 안쪽에 성벽을 배치했다.

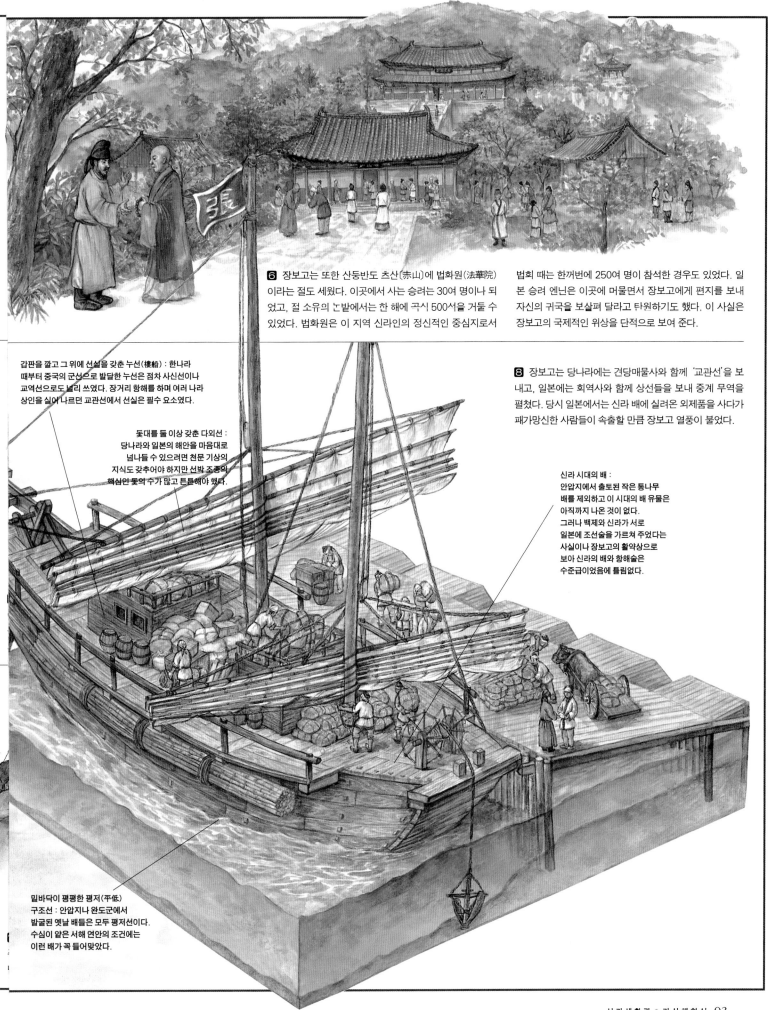

6 장보고는 또한 산둥반도 츠산(赤山)에 법화원(法華院)이라는 절도 세웠다. 이곳에서 사는 승려는 30여 명이나 되었고, 절 소유의 논밭에서는 한 해에 곡식 500석을 거둘 수 있었다. 법화원은 이 지역 신라인의 정신적인 중심지로서

법회 때는 한꺼번에 250여 명이 참석한 경우도 있었다. 일본 승려 엔닌은 이곳에 머물면서 장보고에게 편지를 보내 자신의 귀국을 보살펴 달라고 탄원하기도 했다. 이 사실은 장보고의 국제적인 위상을 단적으로 보여 준다.

갑판을 깔고 그 위에 선실을 갖춘 누선(樓船) : 한나라 때부터 중국의 군선으로 발달한 누선은 점차 사신선이나 교역선으로도 널리 쓰였다. 장거리 항해를 하며 여러 나라 상인을 실어 나르던 교관선에서 선실은 필수 요소였다.

돛대를 둘 이상 갖춘 다외선 : 당나라와 일본의 해안을 마음대로 넘나들 수 있으려면 천문 기상의 지식도 갖추어야 하지만 선박 조종의 핵심인 돛의 수가 많고 튼튼해야 했다.

8 장보고는 당나라에는 견당매물사와 함께 '교관선'을 보내고, 일본에는 회역사와 함께 상선들을 보내 중계 무역을 펼쳤다. 당시 일본에서는 신라 배에 실려온 외제품을 사다가 패가망신한 사람들이 속출할 만큼 장보고 열풍이 불었다.

신라 시대의 배 : 안압지에서 출토된 작은 통나무 배를 제외하고 이 시대의 배 유물은 아직까지 나온 것이 없다. 그러나 백제와 신라가 서로 일본에 조선술을 가르쳐 주었다는 사실이나 장보고의 활약상으로 보아 신라의 배와 항해술은 수준급이었음에 틀림없다.

밑바닥이 평평한 평저(平低) 구조선 : 안압지나 완도군에서 발굴된 옛날 배들은 모두 평저선이다. 수심이 얕은 서해 연안의 조건에는 이런 배가 꼭 들어맞았다.

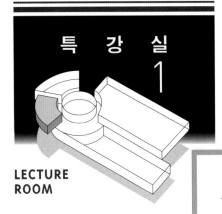

특 강 실 1

LECTURE
ROOM

특강_하일식

고대 그리스·로마사를
공부하다가 우리 고대사로
눈을 돌려 신라 사회의 특수성에
주목하고 이를 천착해 왔다.
서라벌 출신이 아니면 지방관도
할 수 없는 폐쇄적 구조에서
어떻게 신라가 통일을 이루고,
그 후로도 오랫동안 유지했는지가
주요 관심사의 하나였다.

우리는 신라인의 자취를 살피면서 그들이 남긴 정연한 도시 구획과 최고 수준을 자랑하는 불교 미술 등 그 문화의 다양성에 놀란다. 천년의 역사 속에서 갖가지 이질적인 요소들을 융합하지 않고는 이루어질 수 없었다. 그러나 우리는 이 다양한 문화의 주인공들이 골품제처럼 옹졸할 만큼 폐쇄적인 정치·사회 구조 속에서 천년을 살았다는 사실에 또 한 번 놀란다. 이러한 개방성과 폐쇄성의 독특한 결합은 어떻게 이루어졌을까?

신라 – 문화적 개방성과 정치적 폐쇄성 사이

『삼국지』위서 동이전을 보면, 진한의 여러 소국(小國) 가운데 사로국(斯盧國)을 찾을 수 있다.『삼국사기』기록대로 박혁거세가 즉위한 기원전 57년을 그대로 믿지 않는다 해도, 멸망한 935년부터 거슬러 올라가면 거의 천년에 가까운 세월을 존속한 셈이다. 유례없이 장수한 왕조였지만, 신라 사회와 신라인의 생활이 내내 한결같았던 것은 결코 아니었다. 신라 사회는 꾸준한 영토 확대와 짝하여 많은 변화를 겪었다. 우리는 그러한 신라사의 흐름에서 선진 문화를 수용하려는 적극성을 찾을 수 있는가 하면, 전통적 지배 구조를 지키려는 고집스러운 보수성도 발견할 수 있다.

나중 난 작은 뿔이었으나

건국 설화에 따르면, 사로국은 고조선이 멸망한 뒤 이리저리 흩어져 경주 일대에 정착한 세력들을 중심으로 성립했다. 이미 일정한 수준의 정치 생활을 경험한 세력들이 구심점을 잃고 흩어졌다가 다시 모여 사로국과 같은 작은 나라를 이루었던 것이다.

초기에는 박·석·김 세 성씨가 교대로 왕위에 올랐다. 당시 왕을 일컫던 거서간 · 차차웅 · 이사금이라는 칭호는 연장자(年長者)나 무당(巫)같은 뜻을 지니고 있었다. 여기서도 알 수 있듯이, 초기 왕들의 권력은 그다지 강하지 않았다. 사로국의 영역도 동쪽으로 토함산, 남쪽으로 남산, 서쪽으로 선도산에 둘러싸인 분지에서 그다지 멀지 않은 범위에 한정되어 있었다. 나머지 지역에는 사로국과 비슷한 규모의 소국들이 분포해 있었다.

사로국은 선진 철기 문화와 군사력을 가지고 주변의 소국들을 복속시켜 4세기 중반 무렵이면 소백산맥 이남, 낙동강 동쪽의 경상도 일대를 아우르게 된다. 그리고 이때부터 '여러 간(干) 중에서 우두머리 간'이라는 뜻을 지닌 마립간(麻立干)을 왕의 호칭으로 사용하고, 김씨가 왕위를 독점했다. 381년(내물왕 26년) 중국으로 간 신라 사신 위두(衛頭)는 "그대가 말하는 해동(한반도)의 일이 옛날과 다르지 않은가?"라는 전진(前秦) 왕 부견(符堅)의 물음에 "중국에서 시대가 변혁되고 국호가 바뀌는 것과 같은 것"이라고 당당하게 대답했다. 자신감이 생긴 것이다. 화려한 금관을 비롯한 갖가지 껴묻거리들과 함께 돌무지덧널무덤에 묻힌 것도 마립간과 그 일족들이었다. 이렇게 거대한 무덤들은 신라 왕실의 권위를 나라 안팎에 과시하는 것이기도 했다.

신라 이전 경주 주변의 진한 사회 _ 지도에 나타난 소국들 외에도 3세기 중반의 경상도 일대에는 20여 개의 소국들이 있었다.

단단한 뿔로 우뚝 서다

신라는 5세기 중반까지 고구려의 영향력으로부터 벗어나지 못했다. 위두를 전진에 사신으로 파견할 때 그를 안내한 사람도 고구려 사신이었다. 왜구의 침입으로 곤경에 빠진 신라를 구원하기 위해 광개토왕이 5만의 군사를 보낸 400년(내물왕 45년) 무렵, 고구려의 영향력은 절정에 달했다. 이후 신라는 고구려에 조공을 바치고 김씨 왕족을 볼모로 보냈다. 심지어 실성왕이 살해되고 눌지왕이 즉위하는 과정에 고구려인이 개입한 적도 있었다.

이 무렵 강원도 동해안과 경상북도 북부 지역은 고구려의 지배 아래 놓여 있었다. 『일본서기』나 '중원고구려비'를 보면 고구려 군대가 신라 영토 안 깊숙이 주둔했던 사실을 알 수 있다. 경주 고분에서 고구려 토기나 광개토대왕을 기리며 만든 은그릇이 발견되는 것은 이런 역사적 배경 때문이다.

또 신라가 주변 소국들을 아우름으로써 제법 덩치가 커졌다고는 해도 그 모든 지역을 직접 장악하는 데는 꽤 시간이 걸렸다. 처음에는 중앙에서 직접 지방관을 파견해 다스리는 대신 정복한 지역의 옛 우두머리 계층을 통해 공납(貢納)을 받았다. 때때로 감찰관을 파견하고 '마립간'이 쓰는 순금관과 닮은꼴의 금동관 따위를 내려줌으로써 상하 관계를 확인하는 정도였다. 물론 신라 세력권에서 이탈할 조짐이 보이면 군사를 보내 응징했다. 경주의 신라 지배층이 스스로를 다른 지역 주민과 구별되는 특권층으로 내세우는 배타적 우월감은 이 시기에 나타나 오랫동안 유지되었다.

중원고구려비(위)에는 '신라토내당주(新羅土內幢主)' 라는 문구가 새겨져 있다(왼쪽). 이는 신라 영토 안에 주둔한 고구려 군사 지휘관(당주)을 가리키는 말로 신라에 대한 고구려의 영향력을 한눈에 보여 준다.

5세기 후반, 드디어 신라는 고구려의 영향에서 벗어나는 한편 주변 지역에 대한 통제력을 서서히 강화해 나갔다. 이때 경주 분지의 자체 인구도 늘고 주변 지역의 핵심 지배층들도 이주해 와 이 일대의 도시화가 촉진되었다. 이에 따라 469년(자비왕 22년)에는 방리제(坊里制)를 정비하여 팽창하는 시가지에 계획성을 부여했다. 그리고 487년(소지왕 9년)에는 사방으로 통하는 도로망을 정비하고 우편역을 설치했다. 도로망과 우편역은 인체의 혈관·신경 계통에 해당할 만큼 집권 국가에서 중요한 요소이다. ▨ 24~27쪽 '신라실'을 참조하세요.

이런 과정을 거쳐 503년(지증왕 4년)에는 "덕업(德業)이 일신(日新)하며 사방(四方)을 망라(網羅)한다"고 표방하며 국호를 신라로 고정시키고, 그 동안 여러 가지로 불리던 왕의 호칭도 '왕'으로 확정했다. 그리고 505년(지증왕 6년)에는 전국을 주·군(州·郡)이라는 행정 구역으로 구획하고, 상주하는 지방관을 파견했다. 이로써 옛 사로국 영역인 경주 일대는 명실공히 '왕경(王京)'이 되고, 옛 소국 지역은 신라의 '지방'이 되었다. 신라가 중앙집권 국가로 발전하는 과정에서 영토의 편제는 이렇게 이루어졌다. 자, 그러면 옛 소국 지역에 살던 주민들은 어떻게 편제했을까?

개방한 만큼 발전하고

옛 복속지 주민의 편제는 관등(官等)을 수여함으로써 이루어졌다. 관등은 국정 운영에 참여하는 귀족 관료의 등급을 표시한 것이다. 왕경 지배층의 위계 서열을 나타내는 17관등은 6세기 초 무렵이면 대략 체계를 갖춘다. 뒤이어 신라는 지방 사람들에게도 관등을 주기 시작했고, 이것은 이들 지방 사람을 신라 국민으로 대우하겠다는 의지의 표명이었다.

그런데 지방 사람에게 수여한 관등은 왕경 사람들에게 주어지던 경위(京位)와는 차별화된 외위(外位)였다(39쪽 '신라실' 참조). 왜 그랬을까? 과거의 피정복민 · 복속민을 신라 국민으로 대우하겠다면서도, 피정복민인 그들이 정복자인 자신들과 완전히 동등해지는 것은 바라지 않았던 것이다.

하지만 지방 사람들에게 외위라도 준 것은 나름대로 큰 진전이었다. 그 덕분에 신라는 지방 사람들의 협조 아래 비약적인 발전을 이루어 6세기 중반 진흥왕 때까지는 여섯 가야를 모두 흡수하여 낙동강 서쪽까지 진출할 수 있었다. 나아가 죽령 이북의 고구려 영토를 새로 차지하고 한강 하류 유역까지도 손에 넣을 수 있었다.

이 과정에서 신라가 이룩한 문화적 발전은 괄목할 만한 것이었다. 이차돈의 순교 등 우여곡절을 겪으며 받아들인 불교는 확산일로를 걸었고, 국왕은 자신의 권력을 드높이는 데 이를 적극 활용했다. 불교는 신라인의 생활과 문화, 사상 등 모든 면에 깊이 침투하기 시작했다.

7세기에 들면서 신라는 여러 난관에 직면했다. 고구려와 백제의 끊임없는 공격에 시달리는가 하면 여왕 통치에 반발한 귀족들의 반란이 발생하는 등, 국가의 존립 자체가 위기를 맞았다. 이때 신라인은 생존을 위해 과감하게 당나라와 손을 잡는 길을 택했다. 김춘추의 눈부신 외교적 노력은 신라 –당 군사 동맹을 이끌어냈고, 이 동맹은 백제·고구려를 차례로 멸망시키기에 이르렀다. 당나라는 동맹을 깨고 신라까지 집어삼키려는 야욕을 보였지만, 신라는 결연한 항전으로 이를 물리치고 대동강 이남을 확보할 수 있었다. 신라인은 자신의 생존을 위해 당에 접근하였지만, 거꾸로 당이 스스로의 존립을 위협하게 되자 무력 대결을 감수하면서 이를 극복해 냈던 것이다.

불교 수용 과정에서 내홍을 겪으며 내면적으로 성장한 신라인은 그 후 외래 문화 수용에 개방적인 태도를 보였다. 당에 접근하려는 방편이기도 했지만 신라는 고유 연호를 버리고 당의 연호를 채용했는가 하면 관복(官服)도 당나라식으로 바꾸었다. 8세기를 전후하여 많은 귀족 자제들과 승려들이 당나라를 오가며 문화 수용의 다리 역할을 했으며, 이러한 개방성은 신라 문화에 유례없는 다양성과 풍부함을 가져다 주었다.

황초령비 탁본 _ 새로 편입된 영역의 주민들에게 "신라 국가에 충성을 다하고 전쟁에서 공을 세우면 관등과 함께 상을 주겠다"고 선언한 내용을 담고 있다.

폐쇄적인 만큼 위축되다

그러나 신라의 중앙 지배층이 가지고 있던 완고한 보수주의는 결코 꼬리를 내리지 않았다. 신라는 당의 유학을 수용하면서도 과거 제도는 채용하지 않았고, 관복을 당식으로 바꾸었지만 당의 정치 운영 방식을 받아들이지는 않았다. 오래된 골품제의 운영 원리와 충돌하기 때문이었다. 골품을 지닌 왕경 사람 가운데서도 진골 귀족들이 국가의 모든 요직을 독점했다.

일찍부터 여기에 대한 불만이 있었지만 '삼국 통일' 이후에도 사정은 전혀 나아지지 않았다. 788년(원성왕 4년)에는 독서삼품과라는, 유학 지식에 따라 관료를 선발하는 제도를 마련해 보기도 했다. 그러나 기득권을 지키려는 귀족들 앞에서는 백약이 무효였다.

지방 사람들의 경우에는 사정이 더 심각했다. 골품이 없는 지방 사람들이 중앙 정계에 진출한다는 것은 사실상 불가능했고, 여전히 지방관을 보좌하는 지위에 머무는 것이 고작이었다.

그러는 동안 장기간의 평화 속에 신라 문화는 그야말로 완숙기를 맞고 있었다. 경주 왕경에는 금입택(金入宅)이라 불린 귀족의 저택이 호화로움을 자랑했고, 당나라뿐 아니라 멀리 아라비아의 사치품들까지 해상 무역을 통해 수입되었다. 그러나 이 같은 풍요 속에 계속된 귀족들의 권력 쟁탈전은 지방 통제력의 약화로 이어졌고, 이는 곧 귀족들 자신의 경제 기반 붕괴를 불러왔다. 지방에서 거둬들인 조세와 공물(貢物) 없이 왕경의 번영은 불가능했고, 귀족의 경제력도 지방 전장(田莊)의 수확물에 의존하고 있었기 때문이다.

꾸준히 성장하던 지방 유력자들이 자신의 사회·경제적 지위에 걸맞은 정치적·신분적 지위를 확보할 수 있는 유일한 방법은 골품제를 고수하던 신라 국가를 부정하는 것이었다. 이런 정서를 바탕으로 9세기 말이 되면 신라 사회 전체를 뒤흔드는 호족의 시대가 찾아오게 된다. 그리고 경주 일대를 제외한 나머지 지역이 순식간에 후백제나 고려의 세력권으로 들어가 버렸다. 신라의 영역이 사로국으로 처음 출발할 당시의 좁은 범위로 되돌아갔던 것이다. 이것은 신라 지배층이 지닌 정치적 폐쇄성이 도달할 수밖에 없는 필연적인 귀착점이었다.

935년(고려 태조 18년), 고려에 항복할 것을 결심한 경순왕 김부(金傅)는 수레를 타고 신하들과 함께 궁궐을 나섰다. 『고려사』는 이 광경을 "행렬이 30리에 달하고 길가에 모여든 구경꾼들이 담장처럼 이어졌다"고 기록하였다. 신라 천년의 역사는 이렇게 마감되었고, 왕건은 마지막 남은 신라 영토를 고려의 행정 구역인 주(州)로 삼아 '경주'라고 이름 붙였다. 천년의 세월을 한결같이 신라의 중심이자 전부이려고 했던 경주는 이렇게 평범한 하나의 지방 도시로 내려앉게 되었다.

해인사 묘길상탑기 _ 신라 말에 도적 떼가 된 농민들이 해인사를 습격하자, 이를 막는 과정에서 희생된 해인사의 승군 등 50여 명의 전몰자를 추모한 글을 새긴 벽돌판이다. 895년(진성여왕 9년)에 최치원은 "악(惡) 중의 악이 없는 곳이 없고 굶어죽은 시체와 전사한 해골이 들판에 별처럼 흩어져 있다"고 당시의 참상을 여기에 적나라하게 기록했다. 신라 말의 호족은 이런 농민 봉기를 배경으로 등장했다.

천년 전 신라인은 죽은 자와 함께 살았다. 경주 시내 한복판에 아름다운 봉분을 자랑하며 늘어서 있는 무덤들은 그들의 삶의 공간을 장식하고 그늘을 제공했다. 오늘날 우리는 죽은 자들과 함께 사는 것이 어쩐지 버겁다. 서울·공주·부여·김해 등 역사의 고도(古都)들은 개발의 물결 속에 신음하고 있다. 신라 천년의 고도인 경주를 모델로 삼아 우리도 살고 문화 유산에 어려 있는 선조들의 넋도 살리는 길이 무엇인지 생각해 보자.

경주 – 보존과 개발 사이

국보 22점, 보물 50점, 사적 53곳, 지정문화재 141점, 그리고 수백 기(基)에 이르는 고분들. 천년 고도 경주의 문화적 자산 목록을 나열하려면 끝이 없다. 이곳은 한마디로 살아 있는 노천 박물관이다. 그래서 유네스코는 2000년에 경주시 전체를 세계문화유산으로 지정했다. 바야흐로 경주가 우리뿐 아니라 전세계가 인정하는 인류의 문화 유적지로 인정받은 것이다.

세 계 는 경 주 를 보 존 하 라 고 한 다

유네스코가 지정한 경주 역사 유적 지구는 5개 지구로 구분되어 있다.

불교 미술의 보고인 **경주 남산 지구**. 40여 개의 골짜기마다 수많은 불상과 탑들이 들어차 있고 산 전체가 살아 숨쉬는 신라인의 '테마 공원'이다. 시조 박혁거세가 알에서 태어난 나정(蘿井), 신라 왕조의 종말을 목격한 포석정 같은 사적(史蹟)과 미륵 계곡 석불 좌상, 배리 석불 입상, 칠불암 마애불 등 수많은 불교 유적이 신라 천년의 숨결을 전해 준다.

천년 왕국의 궁궐 터인 **월성 지구**. 이곳에는 반달 모양의 월성, 신라 김씨 왕들의 시조인 김알지가 태어난 계림, 안압지가 있는 임해전 터, 동양에서 가장 오랜 천문 시설인 첨성대 등이 있다.

왕족과 귀족들의 무덤이 분포해 있는 **대릉원 지구**. 수백 군데의 무덤들을 구획에 따라 황남동 고분군, 노동동 고분군, 노서동 고분군 등으로 부르고 있다. 발굴 조사에서 신라 문화의 정수를 보여 주는 금관, 천마도 등과 유리잔, 토기 등 당시 생활상을 파악할 수 있는 귀중한 유물들이 출토되었다.

신라 불교의 정수인 **황룡사 지구**에는 황룡사 터와 분황사가 있다. 황룡사는 몽골 침입 때 소실되었으나 발굴을 통해 당시의 웅장했던 사찰의 규모를 짐작할 수 있으며, 이곳에서 출토된 4만여 점의 유물은 신라 시대사 연구의 귀중한 자료가 되고 있다.

왕경 방어 시설의 핵심인 **산성 지구**에는 서기 400년 이전에 쌓은 것으로 추정되는 명활산성이 있는데, 5세기에는 한때 국왕이 들어와 살기도 했던 곳이다.

학계의 연구가 진행될수록 신라 시대 경주, 즉 서라벌의 영역은 지금까지 알려진 것보다 계속 넓어지고 있다. 한 연구에 따르면 지금의 경주보다 6배 정도는 넓었다고 한다. 그러나 오늘날의 경주는 과연 세계문화유산에 걸맞게 과거의 찬란한 모습을 온전히 간직하고 있을까?

유네스코가 세계문화유산으로 지정한
경주의 다섯 지구

우리는 경주를 훼손해 왔다

「경주 남산에 나를 묻은 건」이라는 박노해 시인의 시가 있다. 남산의 불교 유적을 순례하고 그 감동을 표현한 시인 줄 알았는데, 막상 읽어 보니 교도소에서 느낀 절망감을 노래한 것이었다. 이처럼 유네스코 문화유산인 경주 남산 자락에는 살벌한 교도소가 자리잡고 있다. 그런가 하면 남산 자락 바로 앞까지 호화 주택이 들어와 있고, 곳곳에 음식점과 유흥업소도 건설되고 있다. 또 국립공원에는 금지된 개인 무덤도 야금야금 산자락을 먹어들어가고 있다.

경주 한복판의 노서동 고분군은 신라 최초로 금관이 출토된 금관총이 있는 곳이며, 경주로 들어갈 때 가장 먼저 마주치는 이 도시의 얼굴이다. 그러나 우리는 그곳에서 고분들을 제대로 볼 수가 없다. 도로변에 자리잡은 현대 건물들이 그 모습을 가리고 있기 때문이다. 근처의 황오동 고분은 주변이 철책으로 둘러싸인 채 널린 쓰레기와 주차장, 포장마차 리어카로 포위된 상태이다.

단석산의 유리 보호막_ 단석산은 신라의 영웅 김유신이 하늘에서 보검을 받아 바위를 두 쪽으로 갈랐다는 전설이 전해오는 곳이다. '돌을 자른 산'이라는 뜻의 이름도 그때 얻었다. 지금 단석산에 세운 유리 보호막을 그대로 방치한다면 김유신이 하늘에서 내려와 다시 한 번 보검을 휘두를지도 모른다.

경주 서쪽 단석산 한가운데에는 거대한 유리 보호막이 세워져 있다. 1994년 문화재관리국이 바위에 새겨진 열 개의 마애불을 보호하기 위해서 만든 것이다. 이 단석산 마애불상들은 국보 199호로 지정되어 있다. 그러나 보호막을 세운 뒤에는 바위에 금이 가고 비만 오면 그 사이에 물이 새고 이끼가 낀다고 한다. 자연 환풍과 배수 처리가 안 되어서 그렇다는 것이다. 2억여 원을 들여 만든 보호막이 오히려 마애불을 훼손시키고 있는 것이다.

경주 동쪽에 있는 명활산에는 수백 기의 신라 시대 고분이 모여 있다. 이곳을 발굴한 일본인은 무덤 형태에 관한 보고서를 내고 표석을 세웠다. 그런데 해방 후에 표석을 잃어버려 발굴 당시 고분의 위치를 지금까지도 알 수 없게 되었다.

경주의 문화재 훼손은 개별 문화재에 국한된 것이 아니다. 가장 큰 문제는 천년 고도의 분위기가 사라지고 있다는 것이다. 아파트와 현대식 건물들이 들어서면서 경주는 여느 도시와 다를 바 없는 모습으로 변해 가고 있다. 본래 경주의 가장 큰 자산은 주변의 아름다운 환경이었다. 그러나 개발되는 와중에서 자연과의 조화가 깨져 버린 것이다. 경주를 방문한 외국인 관광객들에게 설문을 해서 경주의 각 부분에 대해 그들 나름대로 점수를 매기도록 한 적이 있다. 그때 이들이 가장 낮은 점수를 준 분야가 '현대 건축과 역사적 건축의 조화'였다. 그들은 현대적이고 혼잡스러운 환경과 아름다운 역사 유적의 부조화에 깜짝 놀랐다고 말한다.

일제의 침략도, 6·25 전쟁도 천년을 이어온 경주의 아름다움과 그 정신을 빼앗지 못했다. 천년을 간직해 온 경주의 미소를 빼앗고 있는 것은 다른 그 무엇도 아닌 바로 우리 자신이다.

무엇을 어떻게 했기에

석굴암 재건축 장면 _ 일본인은 1915년 석굴암을 해체하고 다시 지으면서 콘크리트 외벽을 설치했다. 이것이 오늘날 석굴암 보존에 따르는 모든 문제점의 근원이다.

경주 장항리 5층 석탑 _ 1925년 탑 안에서 사리함을 꺼내려고 일본인 도굴꾼들이 폭파한 것을 1932년 복원하였다.

고려와 조선을 거치면서 잊혀진 경주의 가치를 다시 발견한 것은 일본인이었다. 우리보다 일찍 문화재에 눈을 뜬 그들은 석굴암에 매료되었고 폐허가 된 불국사에서도 아름다움을 발견했다. 그들은 지하에 매장되어 있던 신라 문화재들을 본격적으로 발굴하기 시작했다. 1921년부터 금관총 · 금령총 · 서봉총에서 잇따라 화려한 금관과 금관장식 · 귀걸이 · 반지 등을 출토하고 서역과의 교류를 입증해 주는 유리 그릇까지 발굴했다. 당시 일본 신문은 경주를 "지하의 쇼소인(일본의 왕실 보물 창고 : 57쪽 '신라실' 참조)"이라고 대서특필했을 정도였다.

이 같은 고분 발굴과 더불어 경주에 문화재 바람이 불었다. 부잣집 앞마당은 석등 · 석탑 등으로 장식되고, 경주 전체의 고분에서 도굴이 이루어지기 시작했다. 심지어는 장항리 5층 석탑처럼 다이너마이트로 잔혹하게 해체되는 경우까지 생겼다. 경주의 미소는 그 가치가 발견된 시점부터 훼손되고 있었던 것이다.

경주에 대한 우리 정부의 본격적인 관심은 1970년대에 시작되었다. 1973년 천마총, 1974년 황남대총의 발굴이 이어졌다. 경제 개발 계획으로 고도 성장을 시작하던 1971년에는 경주 개발 10개년 계획이 수립되었다. '통일' 위업을 달성한 신라의 정신을 계승하고 민족 정신을 함양한다는 취지 아래 많은 유적을 사적 지구로 묶고, 관광 도시 개발을 위해 대규모 위락 시설을 두는 대규모 개발이 진행되었다.

그러나 1970년대식 경주 개발은 도굴의 차원을 뛰어넘는 체계적인 파괴였다. 경주 북쪽의 황성동을 개발의 신호탄으로 삼아 경주는 급속하게 팽창했다. 지난 1990년 주공 아파트 택지 조성을 위한 발굴 조사에서 우리 나라에서 가장 오래된 대규모 철기 유적지가 확인되었다. 신라가 고대 국가를 형성하기 이전인 3세기경에 조성된 철기 제작지와 철기 제작 유구들이 나온 것이다. 발굴단은 이 유적지를 보존해야 한다고 주장했지만 당시 정부가 강력히 추진하고 있던 200만 호 주택 건설 정책에 밀려 보존을 포기해야 했다. 현재까지 경주에는 470여 동 2만 7500세대의 현대식 아파트가 들어서 옛 고도를 상상조차 할 수 없게 되었다.

개발이 문화재 파괴의 주범으로 인식되면서 반대의 목소리도 높아졌다. 1990년대에 정부는 경주시를 관통하는 경부고속전철 노선을 추진하다가 반대에 부딪쳐 포기했고, 경주시는 경마장 건설을 추진하다가 건설 부지에서 대규모 가마 터가 나오는 바람에 작업을 중단했다. 이 두 가지 사례는 개발과 보존이 첨예한 갈등을 일으키고 있는 경주의 오늘을 상징한다.

무엇을 어떻게 해야 하나

현재 경주 시민에게 문화재는 더 이상 아름다움을 느낄 수 있는 대상이 아니다. 사적 지구로 지정된 구역에서 살아가는 사람들은 간단한 수리말고는 집을 신축도 개축도 하지 못한다. 이사를 갈 수도 없다. 집을 내놓아도 팔리지 않기 때문이다. 무너진 집을 버리고 떠나 버린 주인도 있지만, 그들은 갈 곳이라도 있는 여유가 있는 사람들이다.

경주시 전경 _ 면적 1324㎢, 인구 29만 명(2001년).
한때 한반도의 정치적 중심이었던 경주는 이제
온 국민의 역사 문화 공원으로 거듭나야 한다.

현행 문화재보호법에 따르면 발굴된 유물은 국가가 소유하는데 발굴 비용은 건축주가 부담해야 한다. 그러니 경주 주민의 집터에서 문화재가 나오면 그것은 보물이 아니라 애물단지이다. 자기 돈 들여 기껏 발굴해 놓고 국가에 공짜로 바쳐야 하니까 아예 감추거나 몰래 파괴하기까지 한다. 그들은 말한다. 경주를 제대로 보존하려면 국가에서 땅을 사서 문화재 관리 공원으로 만들어야 한다고.

현재 경주의 사적 보존 지구는 총 370만 평인데, 정부는 3년 전부터 이들을 사들이기 시작했다. 필요한 경비는 총 2조 원. 그러나 현재의 예산으로는 쪽샘이라는 작은 지구 하나를 사들이는 데만도 50년이 걸릴 것이라고 한다. 이런 대안 없는 현실 속에서 개발 논리는 현실적 설득력을 얻어 갈 수밖에 없고, 경주는 지금도 곳곳에서 말없이 파괴되고 있다. 경주에서 황금이 나오는 무덤은 많이 조사했지만, 일반 사람들의 집자리를 조사한 결과가 하나도 없는 것은 결코 우연이 아니다. 개발과 문화재관리법— 이 두 가지가 역사 도시 경주를 위기로 몰아넣는 주범이다.

일본의 나라시는 여러 모로 경주와 비교가 된다. 이곳은 8세기 일본의 수도였던 헤이조쿄〔平城京〕가 있던 곳이다. 70년 전 여기서 유물이 발견되자 일본 정부는 이 지역 전체를 사들였다. 그리고 1959년부터 지금까지 발굴을 계속하고 있다. 나라시는 시민들과 함께 앞장서서 대부분의 유적지를 문화재 보전 지역으로 지정하고 주변을 공원으로 만들었다.

일본에서도 개발과 보존을 둘러싼 논란은 있었다. 하지만 1966년 고도(古都) 보존법을 만들어 출토된 유물은 국가가 소유하되 발굴비는 전액 국가가 부담하도록 규정했다. 이 때문에 정부와 시민은 하나가 되었으며, 나라 시민들은 '나라 도시 만들기 센터'를 구성하고, 주민이 주체가 되어 도시 조성에 참가하자는 운동을 벌였다. 그 결과 나라시는 세계적인 관광 명소가 되었다.

경주 상인들과 시 당국은 경주가 문화 도시이긴 하지만 관광 위락 도시로 개발해야 침체된 경제가 살아날 수 있다고 주장한다. 이에 반해 문화재를 아끼는 사람들은 그러한 개발이 곧 문화재의 훼손을 의미한다고 반대한다. 이것은 이제 경주 사람들만의 문제가 아니다. 세계인의 눈앞에서 우리 모두가 힘을 모아 해결해야 할 국민적인 과제이다.

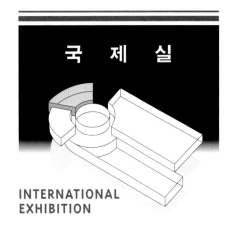

부처 : 남방 불교에서
...에 이른 자'인 부처는 오직
...l 부처뿐이다.
...산 왕조에서는 역사적
...달은 자인 인간 석가를 표현하는
...기 시작했다. 간다라 미술로
...'불상은 헬레니즘의 영향을 받아
... 연상케 하는 높은 콧날,
..., 무늬 없는 둥근 광배의
... 있다. 귀족적이고 위풍당당한
... 양식의 불상과 대조를 이룬다.

세계의 3대 종교인 불교·기독교·이슬람교는 약 600년씩의 간격을 두고 태어났다. 그 가운데 맏형은 단연 부처의 가르침을 따르는 불교. 히말라야의 정기를 품고 태어난 이 고대 종교는 지상과 해상의 실크로드를 타고 퍼져 나가면서 다양한 고대 민족들의 문화를 흡수하고 마침내 고대 세계 문명의 풍부한 정신적 토양이 되었다. 따라서 고대 세계의 불교 지도는 곧 고대 세계의 문명 지도인 셈이다.

INTERNATIONAL
EXHIBITION

세계의 불교

● 원시 불교 - 석가의 가르침대로 | 고대 인도 |

기원전 6세기, 히말라야 기슭 네팔 남부에 있는 룸비니 동산. 아기를 낳으러 친정으로 가던 마야 부인은 이곳에서 산기가 느껴져 사라수 나뭇가지를 잡았다. 그 순간 아기 석가가 마야 부인의 오른쪽 겨드랑이 밑을 뚫고 나오더니 이렇게 외쳤다. "천상천하유아독존(天上天下唯我獨尊)".

『전등록(傳燈錄)』에 나오는 이 말은 '우주 만물 가운데 내가 홀로 존귀하다'는 뜻이다. 갓 태어난 어린아이가 말을 했을 리 없지만, 고대 인도에서 석가는 실로 이 말에 딱 어울리는 존재였다. 그가 창시한 불교는 당시로서는 유례를 찾아볼 수 없는 변화의 종교, 평등의 종교였다. 그는 이 세상의 자연적·사회적 질서가 고정불변한 것이 아니라 끊임없이 변화하는 것이며, 현실을 직시하고 노력하면 누구나 자기 힘으로 구원에 이를 수 있다고 가르쳤다.

변화를 바라고 있던 많은 사람들, 특히 인도의 상인 계급과 신흥 국가들은 불교에 열광했고 최초의 불교 교단인 '승가'는 선망의 대상이 되었다. 석가가 죽자 중부 인도의 여덟 부족이 그의 사리를 나누어 탑에 모셨고, 그의 말씀을 받드는 불교 교단은 일사불란하게 포교에 나섰다. 석가 자신의 가르침이 아직 사람들의 기억 속에 생생하게 살아 있던 이 시대의 불교를 '원시 불교'라고 한다.

삼존불 : 부처와 보살의 의미를 새롭게 해석한 대승 불교에서는 세 부처를 한데 모시는 '삼존불'이라는 독특한 불상 양식이 발달했다. 현세의 부처인 석가불·약사불·아미타불을 함께 두기도 하고, 현재·과거·미래의 부처를 함께 두기도 한다. 한편 사진처럼 한 부처를 두 명의 보살이 양쪽 옆에서 모시고 있는 형상도 삼존불에 포함시킨다. 사진은 신라 시대의 금동판 삼존불 좌상.

무수히 많은 부처 : 대승 불교에서는 어떤 사람도 도를 깨치면 부처가 될 수 있으므로 세상에는 시공을 초월하여 무수한 부처가 있다고 생각한다. 그 가운데 아미타불은 서방의 극락정토에 사는데, 대승 불교의 정토종에서는 중생은 단지 그를 믿고 '나무아미타불(아미타불에 귀의합니다)'이라는 염불만 외우면 정토에 갈수 있다고 주장한다. 사진은 일본의 아미타불상.

▲ **원시 불교의 이상 세계** : 불교의 우주관에 따르면, 히말라야의 신비한 다섯 산맥 사이에 아나바타프타 호수가 있고 그 한가운데 낙원인 '간다마다나'가 있다. 이곳에는 깨달음을 얻었지만 아직 남에게 설법할 단계에는 이르지 못한 '예비 부처'들이 살면서 석가모니 부처를 기다리고 있다. 이들은 '완전한 깨달음을 얻은' 부처가 이곳에 나타나야만 열반에 이를 수 있기 때문이다. 이 낙원에 사는 존재들은 모두 서로에게 우호적인 감정을 가지고 있으며 서로를 완벽하게 이해한다고 한다. 19세기 타이의 와트 수타트에 그려진 벽화.

...대일여래(위 사진 왼쪽), 아촉여래, 아미타여래(위 사진 오른쪽)
...다. 대일여래는 『화엄경』에 나오는 비로자나불과 같은 존재로
...는 궁극적인 지혜의 상징으로 등장하며, 세계 중앙에 자리잡는

아라한 - 남방 불교의 이상형 : 남방 불교에서는 명상을 거듭하여 최고의 지혜를 얻은 존재를 '아라한' 또는 나한(羅漢)이라고 했다. 사진은 아라한의 사리를 담던 항아리.

보살은 부처의 전생 : '부처가 될 자'를 뜻하는 보살은 남방 불교에서 부처의 전생을 가리키는 말이었다. 사진은 부처의 550가지 전생(자카타)을 새긴 1세기 인도 조각.

스리랑카의 스투파 : 탑은 본래 부처의 사리를 모시기 위한 일종의 무덤이었다. 그 원어인 '스투파'는 본래 사물이 퇴적한 것을 뜻하던 말로 고대 인도에서 화장한 유골을 매장하던 무덤이었다. 그것이 각국으로 퍼져 나가면서 불교의 상징물로 자리잡았다. 사진은 남방 불교가 시작된 나라 스리랑카의 다가바 스투파.

남방불교의 승려들 : 18만 명 이상의 승려가 있는 타이에서는 매일 아침 6시 30분 승려들의 탁발로 하루 생활이 시작될 정도이다. 소년들은 통과의례로 일정 기간 승려 생활을 한다.

보살 - 북방 불교의 이상형 : 대승 불교에서 보살은 대중을 교화하기 위해 부처가 되는 것을 미루거나 포기한 자로 확대 해석된다. 그리하여 보살은 대승 불교의 이상인 '이타행(남을 위하는 행동)'의 본보기로 숭상된다. 사진은 부처의 자비심을 형상화했다는 관음보살. 본래는 남성이었으나 동아시아에서는 여성으로 형상화되기도 한다.

일본의 대표 사찰 호류지 : 일본 불교의 초석을 놓은 쇼토쿠 태자가 7세기 초 나라(奈良)에 지은 사찰. 일본에 현재 남아 있는 가장 오래된 목조 건물로 수백 점의 국보급 문화재가 소장되어 있으며, 금당 벽화는 윈강 석굴·석굴암과 더불어 동양 3대 불교 미술품의 하나로 꼽힌다. 일본 고대 불교는 이곳 호류지가 있는 나라에서 8세기부터 전성기를 맞게 된다.

유·불·선의 나라 : 중국의 불교는 유교, 노장 사상과 함께 성장했다. 공자와 노자가 어린아이로 표현된 석가를 안고 있는 그림이 이러한 동아시아 문화의 성격을 잘 보여 준다.

미륵보살 : 미륵은 석가모니 부처의 뒤를 이어 57억 년 후에 세상에 출현하여 석가가 채 구하지 못한 중생을 구제한다는 미래의 부처이다. 『슈타니파다』에는 브라만 출신 16수행자의 한 사람으로 나타나며, 대승 불교가 발전하면서 차원 높은 교리를 설법하는 자비로운 보살로 발전한다. 도솔천이라는 곳에서 세상에 나올 시기를 기다리며 명상하고 있는 모습의 미륵 보살은 삼국 시대에 가장 인기 있는 불상의 소재였다. 사진은 한국뿐 아니라 세계적으로도 최고의 불상으로 꼽히는 금동미륵보살반가사유상.

지상에 세운 부처의 세상 : 불국사는 석굴암과 더불어 둘도 필요 없는 한국 불교 건축의 백미이다. 8세기에 세워진 이 사찰은 석가를 모시는 대웅전을 중심으로 아미타불의 극락전과 비로자나불의 비로전을 배치하여 대승 불교에서 생각할 수 있는 최고의 이상향을 현실에서 나타내고 있다.

분황사 목어(木魚) : 나무를 잉어 모양으로 깎고 속을 파낸 도구. 본래 중국에서 수도승에게 교훈을 주기 위해 밤이고 낮이고 눈을 뜨고 있는 물고기 모양으로 만들었다고 한다. 한국에서는 목탁이라고 하여 염불과 공양 등의 도구로 사용한다.

티베트의 보살 : 관음보살의 눈동자('타라')에서 태어난 티베트 특유의 보살인 타라보살은 아름다운 여인의 모습으로 표현된다. 그녀는 모든 재난에서 중생을 구원하는 능력을 지닌 티베트 불교의 대표적인 구원자이다(사진 왼쪽). 티베트 불교처럼 밀교적 성격이 강한 네팔의 보살도 대승 불교의 다른 보살처럼 화려한 장식을 하고 있다(사진 오른쪽).

포탈라 궁전 : 티베트의 중심지인 라싸의 포탈라 산에 자리잡고 있는 티베트 불교의 최고 지도자, 달라이 라마의 궁전. 열반한 역대 달라이 라마를 모신 부분과 현세의 달라이 라마가 사는 부분으로 이루어져 있다. 이것은 달라이 라마가 부처의 환생으로서, 죽지 않고 거듭 태어난다는 티베트 특유의 사고 방식을 반영하고 있다.

티베트 승려의 관(冠) : 다섯 부처를 그려 넣은, 라마(티베트 승려) 가 쓰는 '오방여래관'. 유럽에서는 티베트 불교를 '라마(선생)의 가르침'이라는 뜻에서 라마교라 부르기도 했다.

다섯 부처를 그린 5엽(葉)

찾 아 보 기

생활 분야별 찾아보기

삶의 밑바탕

▶ **의 (의복 · 장신구 · 수예 · 이미용 · 의복관습) :** 귀족 가문의 복장 28~29, 36~37 / 화랑 복장 32~33 / 문관의 복장 39 / 시장 군상(群像)의 복장 40~43 / 무관의 복장 47 / 여왕의 복장 52 / 귀금속 장신구 54~55 / 촌락민의 복장 56~57 / 서민 여성들의 복장 62 / 승려와 귀족 남녀의 복장 64~65 / 왕 · 상인 · 뱃사람 · 군인들의 복장 90~95

▶ **식 (식품 · 영양 · 조리 · 가공 · 저장 · 식생활 관습) :** 간단한 제의 상차림 28 / 잔치 음식 36~37 / 차(茶) 문화 36 · 95 / 국자와 그릇, 귀족들의 반찬 38 / 주점(酒店) 43 / 쌀의 양을 재는 단위와 도구 44 / 유리 그릇 · 뿔잔 46 / 명절(한가위와 설), 음식 문화 62~63

▶ **주 (주거형태 · 주거 공간 · 주거 설비 · 가정 관리) :** 경주 왕경의 집들 24~26 / 귀족 집 36~37 / 귀족 집 가재 도구 38~39 / 왕궁의 정원 48~49 / 촌가(村家)들 56~57 / 집 모양 토기 58 / 촌가의 가재 도구 59 / 당나라 신라방의 집 모습 92

|생활 분야별 찾아보기|

신 라 생 활 관   도 서 실

─총류

• 고려대학교 민족문화연구원, 『한국민속문화대관』(CD-ROM), 나모 인터랙티브, 1998.
• 두산동아백과사전연구소, 『두산세계백과사전』, 두산동아, 1996.
• 민족문화대백과사전 편찬부, 『한국민족문화대백과사전』, 한국정신문화연구원, 1991.
• 중·고교 『국사』교과서.
• 중·고교 『역사부도』.
• 中國歷史博物館, 『簡明中國文物辭典』, 福建人民出版社, 1991.
• 한국민속사전 편찬위원회, 『한국민속대사전』, 한국사전연구사, 1997.

─통사 · 분야사

• 『빛깔 있는 책들』1~242, 대원사.
• 『동방 문화교류사 논고』, 을유문화사, 1948.
• 강영철·김광수 외, 『장보고의 신연구』, 완도문화원, 1985.
• 강우방, 『미술과 역사 사이에서 : 강우방 예술론』, 열화당, 1999.
• 강우방, 『법공과 장엄 : 한국 고대 조각사의 원리 Ⅱ』, 열화당, 2000.
• 강우방, 『미의 순례』, 예경, 1993.
• 김기흥, 『새롭게 쓴 한국 고대사』, 역사비평사, 1993.
• 김기흥, 「신라 촌락 문서에 대한 일고찰」, 『한국사 연구』64, 1989.
• 김문경, 『당 고구려 유민과 신라 교민』, 일신사, 1985.
• 김문경, 『장보고 연구』, 연경문화사, 1997.
• 김병모 외, 『역사 도시 경주』, 열화당, 1984.
• 김병모, 『금관의 비밀』, 푸른역사, 1998.
• 김영재, 『불교 미술을 보는 눈』, 사계절출판사, 2001.
• 김영종, 『티벳에서 온 편지』, 사계절출판사, 1999.
• 김재근, 『한국의 배』, 서울대학교 출판부, 1994.
• 김주식·정진술, 『장보고 시대』, 신서원, 2001.
• 김한용 사진집, 『석굴암』, 눈빛, 1999.
• 무함마드 깐수(정수일), 『신라·서역 교류사』, 단국대학교 출판부, 1992.
• 성낙주 · 박정훈, 『석굴암 그 이념과 미학』, 개마고원, 2000.
• 손보기 편, 『장보고와 청해진』, 도서출판 혜안, 1996.
• 손보기·김문경·김성훈 엮음, 『장보고와 21세기』, 도서출판 혜안, 1999.
• 옌닌(圓仁), 『입당구법순례행기』, 정신세계사, 1991.
• 완도군문화원 엮음, 『장보고 신연구』, 샘물, 2000.
• 유홍준, 『나의문화유산답사기』 1, 창작과비평사, 1994.
• 유홍준, 『나의문화유산답사기』 2, 창작과비평사, 1994.
• 이기동, 『장보고의 신연구』, 완도문화원, 1985.
• 이병로, 「9세기 초기의 '환시나해무역권'의 고찰 –장보고와 대일교역을 중심으로」,
  『일본학지』15, 1995.
• 이인철, 『신라 촌락 사회사 연구』, 일지사, 1996.
• 이현정, 『한국 복식 2000년사』, 이현정한복연구소, 1989.
• 일연, 『삼국유사』, 을유문화사, 1987.
• 장 부아슬리에, 『붓다–꺼지지 않는 등불』, 시공사, 1996.
• 中村元, 『佛陀의世界』, 김영사, 1984.
• 최재석, 『正倉院 소장품과 統一新羅』, 일지사, 1996.

• 타가조와 준조, 『돈황 석굴』, 개마고원, 1999.
• 하일식, 『경주 역사 기행』, 아이북닷스토어, 1999.
• 한국문화유산답사회 엮음, 『답사여행의 길잡이 2– 경주』, 돌베개, 1994.
• 한국역사연구회, 『삼국시대 사람들은 어떻게 살았을까』, 청년사, 1998.
• 혜초 저, 이석호 역, 『혜초 왕오천축국전』, 을유출판사, 1970.
• 황수영 편저, 『(토함산)석굴암』, 예경, 1989.
• 황수영, 『석굴암』, 열화당, 1989.
• KBS, '세계유산 경주 1000년의 얼굴', 「일요스페셜」, 2000. 11.5(방송).
• 宮本長二郎, 『平城京』, 草思社, 1986.
• 金子裕之 編, 『古代史復元9 – 古代の都の村』, 株式會社講談社, 1989.
• 劉永, 『中國古代軍戎服飾』, 上海古籍出版社, 1995.
• 香取忠彦, 『奈良の大佛』, 草思社, 1981.
• Miranda Bruce-Mitfold, The Illustrated Book of Signs and Symbols, DK, 1996.
• Philip Wilkinson, DK Illustrated Book of Religions, DK, 1999.
• 김기흥, 『천년의 왕국 신라』, 창작과비평사, 2000.
• 김성배, 「장보고와 장도 청해진 유적」, 『도서문화』16, 목포대학교 도서문화연구소, 1998.
• 김소현, 「당 시대의 호복에 관한 연구」, 이화여자대학교 의류직물학과 박사논문, 1994.
• 김주성, 「장보고 세력의 흥망과 그 배경」, 『한국상고사학보』24, 한국상고사학회, 1997.
• 노덕호, 「나말 신라인의 해상무역에 관한 연구 : 장보고를 중심으로」, 『사총』27,
  고려대 사학회,1983.
• 오수정, 「장보고 재당 활동의 배경」, 『숙명한국사론』, 숙명여대 한국사학과, 1996.
• 이영택, 「장보고 해상세력에 관한 고찰」, 『한국해양대학논집』14, 한국해양대학교, 1979.
• 이태진, 「신라 통일기의 촌락 지배와 공연」, 『한국사 연구』25, 1979.
• 정태신, 「장보고 유적 소고」, 『문화재』23, 1990.
• 최근식, 「『도리기』『등주해행도』의 검토와 장보고 교관선의 항로」, 『사총』49,
  고려대 사학회, 1999.
• 蒲生京子, 「新羅末期の張保皐の擡頭と反亂」, 『朝鮮史研究會論文集』16, 1979.
• 石井正敏, 「8·9世紀の日羅關係」, 『日本前近代の國家と對外關係』, 吉川弘文館, 1987.

─도록 · 보고서

• KBS, 『한국복식도감1 – 삼국시대 · 통일신라 편』, 1986.
• 『돈황』, 예경, 1994.
• 국립경주문화재연구소, 『경주 남산』, 2000.
• 국립경주박물관, 『성덕대왕신종』, 1999.
• 국립경주박물관, 『경주 남산』, 1995.
• 국립경주박물관, 『신라인의 무덤』, 1996.
• 국립경주박물관, 『경주와 실크로드』, 1991.
• 국립경주박물관, 『경주 이야기』, 1997.
• 국립경주박물관, 『국립경주박물관』, 2001.
• 국립경주박물관, 『新羅瓦塼』, 2000.
• 국립경주박물관, 『신라인의 무덤』, 1996.
• 국립경주박물관, 『신라 토우』, 1997.
• 국립대구박물관, 『국립대구박물관』, 1996.
• 국립문화재연구소, 『광개토대왕릉비 탁본도록』, 1996.

- 국립민속박물관,『국립민속박물관』, 1993.
- 국립민속박물관,『한국 복식 2000년』, 1997.
- 국립중앙박물관,『국립중앙박물관』, 1997.
- 국립중앙박물관,『겨레와 함께 한 쌀』, 국립중앙박물관, 2000.
- 국립중앙박물관,『고고 유물로 본 한국 고대국가의 형성』, 1998.
- 국립중앙박물관,『한국 고대의 토기』, 1997.
- 국립청주박물관,『한국 고대의 문자와 기호 유물』, 2000.
- 김길빈,『우리 민속 도감』, 예림당, 1999.
- 김남석,『우리 문화재 도감』, 예림당, 1998.
- 김병모,『금관의 비밀』, 푸른역사, 1998.
- 롯데월드 민속박물관 도록, 1990.
- 문화재관리국,『안압지』, 1978.
- 시공테크,『그림으로 보는 한국의 문화유산』, 1999.
- 시공테크,『실크로드와 한국 문화 – 동방의 빛을 따라서』, 2000.
- 이상억 편저,『서울의 韓屋』, 한림출판사, 1998.
- 조선총독부,『조선 보물 고적 도록』 1, 1938.
- 조선총독부,『조선고적도보』 5, 1917.
- 통도사 성보박물관,『하늘에 맞닿은 불교 왕국』, 2001.
- 『中國歷代藝術 – 繪畵編(上)』, 中國人民美術出版社, 1994.
- 內蒙古自治區博物館,『中國內蒙古北方騎馬民族文物展』, 日本經濟新聞社, 1984.
- 成東鐘,『中國古代兵器圖集』, 解放軍出版社, 1990.
- 周迅·高春明,『中國古代服飾大觀』, 重庚出版社, 1995.
- 宮內廳藏版正倉院事務所 編,『正倉院の寶物』, 朝日新聞社, 1989.
- 『正倉院の寶物』, 平凡社, 1992.
- 奈良國立博物館,『昭和六十二年 正倉院展 目錄』, 便利堂, 1987.
- 松原三郎,『中國の美術①彫刻』, 淡交社, 1982.

자료 제공 및 출처

─ 글

야외전시 강응천 / 신라실 나희라 / 특별전시실 편집부(특별자문·강우방) / 가상체험실 이은홍 (특별자문·고경석) / 특강실 1_하일식 / 특강실 2 편집부 (KBS, '세계유산 경주 1000년의 얼굴', 「일요스페셜」참조) / 국제실 편집부 / 최종 교열 강응천

─ 사진

표지 인면문 수막새_손승현·국립경주박물관소장 / 8 토우 장식 항아리_손승현·국립경주박물관 / 10 금제 나비 모양 관장식_국립경주박물관, 계림_손승현 / 12 감은사지 삼층석탑_손승현 / 14 칠불암 마애불_손승현 / 16 대왕바위_손승현, 유리 그릇_국립중앙박물관 / 18 대릉원_손승현, 뼈항아리_국립경주박물관 / 22 경복궁 전철역_손승현 / 23 기마인물상 토우_국립중앙박물관 / 27 월정교_하일식 / 29 앉아서 아이 낳는 토우_국립경주박물관 / 30 마애관음보살상·탑골 부처 바위·용장리 절터 삼륜대좌_손승현 / 31 이차돈 순교비_손승현·국립경주박물관, 용장사 계곡 삼층석탑_손승현 / 32 천전리 서석_「반구대」(동국대학교, 16쪽) / 33 임신서기석_손승현·국립경주박물관 / 34 신라 붓·종이_『正倉院の寶物』(平凡社, 1992) / 35 신라 먹_『昭和六正十二年 正倉院展 目錄』/ 36 '용' 기와·인동보상화 무늬 수막새_손승현·국립경주박물관 / 38 가위·은제 국자_국립경주박물관, 문고리장식_손승현·국립경주박물관, 굽항아리_국립경주박물관, 굽다리바리_국립대구박물관 / 39 기울_『正倉院の寶物』(朝日新聞社, 1989), 분관 토봉_국립경주박물관 / 41 저울추_국립경주박물관, 목간_손승현·국립경주박물관 / 44 자_『正倉院の寶物』(平凡社, 1992), 인양사비 탁본_하일식, 말_한양대박물관 / 45 해시계 모형_손승현·신라역사과학관, 첨성대_손승현 / 46 뿔잔_손승현·국립경주박물관, 목걸이·세부_국립경주박물관, 사리장엄구_국립대구박물관, 이란 무늬돌_손승현 / 47 아라비아 고지도_정수일 제공, 보검_국립중앙박물관, 유리 그릇_국립중앙박물관, 무인상_손승현 / 48 피리 부는 부처_손승현·국립경주박물관 / 49 주사위_손승현·국립경주박물관 / 50 비파를 뜯는 토우_국립경주박물관, 피리_『正倉院の寶物』(平凡社, 1992), 신라 악기_『正倉院の寶物』(朝日新聞社, 1989) / 51 완함_『正倉院の寶物』(平凡社, 1992), 피리를 부는 토우_국립경주박물관, 포석정_손승현 / 52 금제 허리띠와 드리개_국립경주박물관 / 53 귀걸이·목걸이·가슴꾸미개·각종 꾸미개_국립경주박물관 / 54~55 귀금속 유물 일괄_국립경주박물관, 동물 무늬 은잔_국립중앙박물관 / 58 집 모양 토기_국립중앙박물관, 신라촌락 문서_하일식 제공 / 59 수레 모양 토기_국립경주박물관, 도끼·망치_국립경주박물관, 톱·집게_국립대구박물관, 가위·빨래 방망이·머리 장신구_국립경주박물관 / 60~61 짐 나르는 토우·절하는 토우·두 손을 모은 토우_국립경주박물관, 슬퍼하는 토우·영감 얼굴·호랑이·독수리·큰가시두더지·소·토우 장식 굽다리 접시·물고기·배탄 사람·성적 특징이 강조된 토우·성교 토우_국립중앙박물관, 인물 토우 장식 뚜껑_이화여대박물관 / 63 토용_국립중앙박물관 / 65 황룡사 복원 모형_손승현, 사리장엄 내함_국립문화재연구소 / 66~67 성덕대왕 신종·공양 천인상·당좌_손승현, 종의 비교_『성덕대왕신종』(국립경주박물관, 1999) / 68 금동약사여래 입상_손승현·국립경주박물관, 금동판 삼존불 좌상_국립경주박물관, 삼릉 계곡 출토 석조 약사여래 좌상_국립중앙박물관 / 69 감산사 터 석조 미륵보살 입상_국립중앙박물관, 경주 남산 선각 아미타삼존불_손승현 / 70 뼈항아리_손승현·국립경주박물관, 문무왕 해중릉_손해도 / 71 김유신묘 출토 십이지신상_손승현·국립경주박물관, 황남대총 북분 내부_국립경주박물관 / 75 금동비로자나불 좌상·금동아미타여래 좌상_『불상』(대원사, 11쪽) / 76~77 다보탑과 석가탑_『조선고적도보』 / 77 무구정광대다라니경_국립중앙박물관 / 78 해체되는 석굴암_『조선고적도보』 / 79 석굴암 본존불_강우방 제공 / 80~81 석굴암의 구조·주실_손승현·신라역사과학관, 복원 전의 전실 구조_『조선고적도보』 / 82~83 금강역사·팔각 돌기둥_『조선고적도보』, 전실 구조·사천왕_손승현·신라역사과학관 / 84~86 사진 일괄_손승현·신라역사과학관, 감실 풍경_『조선고적도보』 / 87 석굴암 모형, 강우방 인물 사진_손승현 / 97 중원고구려비_서길수 / 100 지도_김영철 / 101 단석산 신선암 마애불_손승현 / 102 석굴암 재건축 장면_『조선고적도보』, 장항리 5층 석탑_손승현 / 105 타이의 사원, Illustrated Book of Religions, DK, 둔황 석굴_김영종, 경주 남산_손승현, 아네마첸산_김영종 / 106 미얀마 불화_The Illustrated Book of Signs and Symbols, DK, 부처의 발바닥·이차돈의 순교·고행하는 부처·노시라 대불·무량광 불상_『불교 미술을 보는 눈』(사계절출판사), 화엄경 변상도_국립중앙박물관, 대승 불교 경전_Illustrated Book of Religions, DK, 파드마삼바바 진언·금동분노존상·금동대일여래 좌상_『하늘에 맞닿은 불교 왕국』(성보박물관), 금동판 삼존불 좌상_국립경주박물관. / 107 부처의 전생·아라한·남방 불교의 승려들·관음보살·오방여래불관_Illustrated Book of Religions, DK, 스리랑카의 스투파_『붓다-꺼지지 않는 등불』(시공사), 호류지_『法隆寺西院伽藍』(岩波), 불국사_손승현, 분황사 목어_『불교 미술을 보는 눈』(사계절출판사), 타라존상·금동보살 좌상_『하늘에 맞닿은 불교 왕국』(성보박물관), 포탈라 궁전_김영종

─ 그림

24-26 경주 왕경_서희정 / 28-29 기도하는 사람들_김동성 / 32-33 수련 장면_김동성, 화랑도_이혜원 / 36-37 귀족 집_류동필 / 40 동시전_김동성 / 42-43 시장_류동필 / 46-47 동서교류 지도_이정민 / 48-49 안압지_류동필 / 52. 황금 여인_이혜원 / 56-57 마을_김병하 / 62 길쌈 대회_김병하 / 64-65 감은사_서희정 / 72-75 불국사 3차원 그래픽_시공테크·남궁선 / 90-95 가상체험실_이선희 / 103 카툰_이은홍

한국생활사박물관 05 「신라생활관」

2001년 8월 21일 1판 1쇄
2022년 6월 30일 1판 13쇄

지은이 : 한국생활사박물관 편찬위원회
편집관리 : 인문팀

출력 : 블루엔 / 스캔 : 채희만
인쇄 : (주)삼성문화인쇄
제책 : 책다움
마케팅 : 이병규·양현범·이장열
홍보 : 조민희·강효원

펴낸이 : 강맑실
펴낸곳 : (주)사계절출판사
등록 : 제406-2003-034호
주소 : (우)10881 경기도 파주시 회동길 252
전화 : 031)955-8588, 8558
전송 : 마케팅부 031)955-8595 편집부 031)955-8596
홈페이지 : www.sakyejul.net 전자우편 : skj@sakyejul.com
블로그 : blog.naver.com/skjmail
페이스북 : facebook.com/sakyejul
트위터 : twitter.com/sakyejul

저작권자와 맺은 협약에 따라 인지를 생략합니다.

ISBN 978-89-7196-685-3
ISBN 978-89-7196-680-8(세트)